全国高职高专经济管理类"十四五"规划
理论与实践结合型系列教材·电子商务专业

U0756150

微信

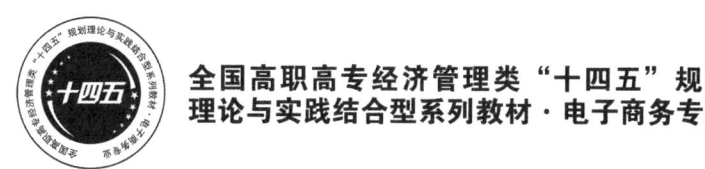

公众号运营技巧

主　编　王永祥

副主编　段智敏　柳义筠　何雪利

　　　　钟　贵　谢景明

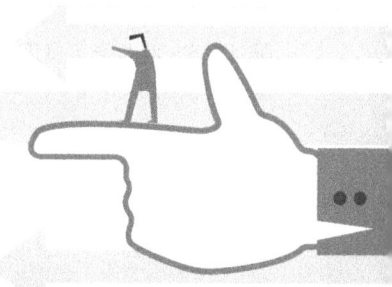

华中科技大学出版社
http://www.hustp.com
中国·武汉

图书在版编目(CIP)数据

微信公众号运营技巧/王永祥主编.—武汉:华中科技大学出版社,2021.1(2025.8重印)
ISBN 978-7-5680-6958-8

Ⅰ.①微… Ⅱ.①王… Ⅲ.①网络营销-高等职业教育-教材 Ⅳ.①F713.365.2

中国版本图书馆 CIP 数据核字(2021)第 017275 号

微信公众号运营技巧
Weixin Gongzhonghao Yunying Jiqiao

王永祥　主编

策划编辑:聂亚文
责任编辑:段亚萍
责任监印:朱　玢
出版发行:华中科技大学出版社(中国·武汉)　　电话:(027)81321913
　　　　　武汉市东湖新技术开发区华工科技园　　邮编:430223
录　　排:武汉创易图文工作室
印　　刷:武汉邮科印务有限公司
开　　本:787 mm×1092 mm　1/16
印　　张:9.25
字　　数:231 千字
版　　次:2025 年 8 月第 1 版第 2 次印刷
定　　价:38.00 元

前言

●●●

本教材是 2018 年广州市高校创新创业教育项目"以大学生创新创业为导向的微信公众平台应用"(立项编号为 201709P16)成果之一。

微信公众平台是腾讯公司在微信上推出的面向公众传播信息以及提供应用服务的平台。它易学、易用、功能强大,极大地降低了用户使用的难度,已经成为主流的综合信息服务平台。大学生是最具创新、创业潜力的群体之一。学习微信公众平台运营技巧,可以帮助大学生更好地进行创新创业。在高等学校开展创新创业教育,积极鼓励高校学生自主创业,是教育系统深入学习实践科学发展观、服务于创新型国家建设的重大战略举措,是深化高等教育教学改革、培养学生创新精神和实践能力的重要途径,是落实以创业带动就业、促进高校毕业生充分就业的重要措施。在此背景下,特编写本书。

本书主要针对中、高等职业院校学生的特点,将微信公众平台的使用融入创新创业理念中,以培养学生的能力为本位,以提高学生的就业技能为导向。在内容上,本书较为全面地介绍了微信公众平台的基础知识和应用技术,适合非计算机专业的学生使用。

全书共分为七章,内容包括微信公众平台概述、公众号注册、公众平台的使用、企业微信的使用、小程序的使用、微信电商功能、微信公众平台运营案例分析。在内容编写方面,我们注意难点分散、循序渐进;在文字叙述方面,我们注意言简意赅、重点突出;在实例选取方面,我们注意要求实用性强、针对性强。

本书配备了 PPT 课件、教学大纲、课程设计等丰富的教学资源,任课教师可到华中科技大学出版社官网(http://www.hustp.com/)下载使用。

本书由广州科技贸易职业学院的王永祥教授担任主编,段智敏、柳义筠、何雪利、钟贵、谢景明任副主编。由于微信公众平台发展日新月异,而编者水平有限,书中难免存在错误和不妥之处,敬请广大读者批评指正。

编 者
2020 年 11 月

目录

第1章

微信公众平台概述

1.1 认识微信

微信是腾讯公司于 2011 年 1 月 21 日推出的一款支持 Android 和 iOS 智能系统的即时通信软件,用户可以通过微信客户端与好友进行文字、图片、语音、视频等方面的信息交流。微信在全球范围内支持 20 多种语言,覆盖了 200 多个国家和地区。在 2018 年的春节期间,微信(面向国内市场)及 WeChat(面向海外市场)合并月活跃用户数超过了 10 亿,成了中国首个月活跃用户超过 10 亿的应用。截至 2020 年第一季度,微信及 WeChat 的合并月活跃账户数超过 12 亿。

中国信息通信研究院产业与规划研究所发布的《创新生态共同体 助力经济新动能——2017 微信经济社会影响力研究》报告显示,2017 年,微信直接拉动信息消费 2097 亿元,自 2014 年以来年均增长超 30%;带动流量消费 1911 亿元,用户的微信使用流量占总流量的 34%。

从平台的角度,微信提供不同平台的版本,对于 PC 端,有微信网页版、微信 Mac 苹果版和微信 Windows 微软版。对于移动端,有 iOS 版微信和 Android 版微信。从使用的角度,微信的类型可以分为个人微信和企业微信,其中个人微信主要是用于个人之间在社交、生活等方面更好地进行沟通(详见官网 https://weixin.qq.com/);企业微信则专门帮助企业员工更好地开展工作,除了能够与个人微信相互进行转发之外,还增加了视频会议、企业支付、公费电话、企业邮箱、文件盘、打卡、汇报、审批等企业办公功能,还可以对接相关的第三方应用服务商(见图 1-1-1)(详见官网 https://work.weixin.qq.com/)。

微信已经从最初的人与人进行信息交流的移动工具、社交平台,演进为连接人、服务、组织和设备的数字生态圈。除了即时聊天功能之外,典型的微信功能有朋友圈、微信公众平台、微信支付、红包、第三方服务等。使用微信,已经成为人们日常生活的一部分。

微信的优势主要如下:

(1)能够显著拉动流量消费和信息消费。其中流量消费是指以电信运营商提供的网络流量服务为消费对象的消费活动。2017 年,用户通过微信使用的流量占到用户总流量的 34%,带动的流量消费达到 1911 亿元。信息消费是一种直接或间接以信息产品(如计算机、手机、智能电

图 1-1-1　企业微信界面

视机等)和信息服务(如通话、短信、互联网数据、信息内容、应用服务等)为消费对象的消费活动。2017 年,微信直接拉动信息消费达到 2097 亿元。

(2)能够促进传统消费的升级。借助微信平台庞大的用户群、强大的社交分享功能、便捷的发布功能、快捷的支付功能,传统的餐饮、旅游、购物等实体经济获得新的传播渠道,有效地节省了经营成本。

(3)能够带动就业。目前有大量的用户通过微信平台开展创业活动,他们通过微店、微信小程序、微信公众号、朋友圈等方式进行商用推广,以数字化方式与市场进行对接。

1.2　微信公众平台

微信公众平台目前包括公众号、微信小程序、企业微信等,于 2012 年 8 月 23 日正式上线,是基于微信的面向公众传播信息的平台,可方便地为组织或者个人提供便捷的信息获取与发布途径。微信公众平台的网址为 https://mp.weixin.qq.com/。

微信小程序是在 2017 年 1 月 9 日推出的一种不需要下载安装即可在微信平台上使用的应用。微信小程序需要编程实现,所以在功能上更为强大,主要为微信平台提供服务。截至 2019 年 12 月,微信已经推出了 300 万个小程序,日活账户超过 3 亿。小程序 Top 200 的类型涵盖了游戏、购物、生活服务、出行、社交等多个领域。

微信公众平台拥有巨大的微信用户基础,便于通过微信平台来进行公众号推广。根据《2017 微信数据报告》,截至 2017 年底微信公众号已超过 1000 万个,其中活跃账号 350 万,较

2016年增长14％,月活跃粉丝数为7.97亿,同比增长19％,公众号已成为用户在微信平台上使用的主要功能之一。

从内容来分类,微信公众号的类型很多,包括时事资讯、数码科技、汽车、房产家居、职场招聘、财经理财、生活、情感励志、女性时尚、旅行、运动健康、餐饮美食、搞笑娱乐、明星影视、母婴、文化教育、创业管理、政务、企业等。由此可见,微信公众号已经实现了主流信息和服务的覆盖,对社会、经济的发展起到了良好的推动作用。

从运营目的来分类,微信公众号有公益型(例如政府部门、学校、医院等)、商业服务型(例如银行等金融机构)、商业销售型(商业机构、公司、个人创业者)、技术或信息分享型(个人、组织)等。

从功能来分类,公众号有订阅号、服务号、企业微信(原企业号),分别介绍如下:

(1)订阅号:为媒体和个人提供一种新的信息传播方式,类似于报纸那样提供资讯信息。一般情况,每天只可以群发一条信息,消息里面可以建立8篇文章。和腾讯有合作的特殊订阅号,也可以一天群发多条信息。订阅号在微信中以列表方式显示。订阅号在认证后可以有自定义菜单,未认证的订阅号没有菜单。

(2)服务号:为企业和组织提供更强大的业务服务与用户管理能力,侧重于服务交互,例如银行账号信息的查询服务。每个月只能推送4条消息,但服务号的应用权限比订阅号要大,例如提供微信支付功能、多客服账号。

(3)企业微信(原企业号):用于企业办公。开设企业微信后,用户下载专门的企业版微信软件进行使用。在使用上,保持与微信一致的体验,除了丰富的免费办公应用功能之外,还能与微信消息、小程序、微信支付等互通。例如:在微信中收到了添加好友申请可将他加为企业微信外部联系人;微信上的聊天记录可以转发给企业微信好友,反之亦可;在企业微信上可以与微信用户直接发起群聊。

如果对公众号的内容或者服务感兴趣,可以进行关注,以便于及时获得公众号最新的图文信息。除了可以直接扫描二维码关注公众号之外,还可以通过搜索的方法来关注公众号,具体方法如下:

(1)点击微信右上角的加号(见图1-2-1),选择"添加朋友",将显示添加朋友列表(见图1-2-2)。

图1-2-1 添加朋友

(2)在添加朋友列表中点击"公众号",进入公众号搜索界面。

(3)在公众号搜索界面中输入公众号的关键字,可以是完整的公众号名字或者部分的公众号关键字,点击输入键盘中的"搜索"按键即可。例如:输入"创新创业",将搜索出与"创新创业"关键字有关的公众号,如图1-2-3所示。

图 1-2-2　添加朋友列表　　　　**图 1-2-3　搜索公众号**

　　(4)添加公众号:在搜索出来的公众号中点击需要关注的公众号。以"新华社"为例,图 1-2-4 所示为公众号的基本信息,包括公众号简要说明、原创文章数、当前用户好友的关注数、公众号的菜单项、公众号的消息等,点击"关注公众号"即可,如图 1-2-5 所示。

图 1-2-4　"新华社"公众号基本信息　　**图 1-2-5　"新华社"公众号主界面**

　　(5)在公众号主界面下,若想查看该公众号的历史消息或者不再关注公众号,点击"进入公众号"或"不再关注"即可(见图 1-2-6);若想进一步对公众号进行操作,例如推荐、置顶等,则点击主界面右上角的"···"图标(见图 1-2-7)。

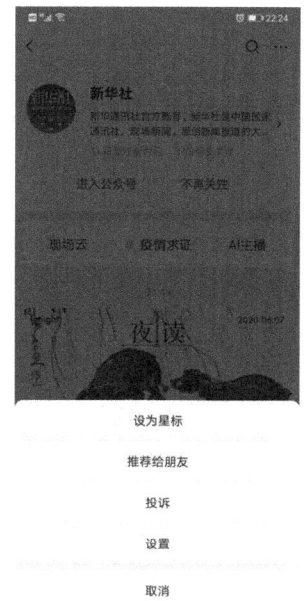

图 1-2-6 "进入公众号"与"不再关注"　　图 1-2-7 对公众号的进一步操作

1.3 典型微信公众平台案例

1.3.1 《人民日报》订阅号

《人民日报》是中国第一大报,1992 年被联合国教科文组织评为世界十大报纸之一,报道风格以专业权威著称。《人民日报》微信公众号粉丝数量超 1100 万,在全部微信公众号中影响力排名第一。根据互联网信息传播的即时化、碎片化特点,《人民日报》在微信公众号的新闻报道上并非以简单直接的方式复制《人民日报》纸质媒体的内容,而是根据微信的传播特性,对新闻标题、新闻种类和新闻编排进行了创新。

《人民日报》微信公众号是订阅号,它的菜单项为"新闻"、"FM"和"夜读"(见图 1-3-1),其中"新闻"菜单项将打开"人民日报"小程序,显示新闻内容;"FM"菜单项将打开"人民日报 FM"小程序,让用户听新闻,用户还可以通过智能语音交互获取新闻资讯推荐,从而形成个性化推荐、千人千面的新闻电台(见图 1-3-2);点击"夜读"菜单项,可以夜读正能量的文章,还配有真人朗读(见图 1-3-3)。

《人民日报》订阅号每天按照不同的时段来发送消息,从早上到晚上一天有多次消息推送。较为固定的消息推送如下:

(1)早上 6 点左右的第一条推送信息为新闻早班车(见图 1-3-4),回顾前一天发生的大事,预告当天的新闻;

(2)在晚上 10 点左右,会推送一篇夜读文章,让读者感受文章中传递的道理。

图 1-3-1 《人民日报》公众号主页面

图 1-3-2 FM 栏目

图 1-3-3 夜读栏目

图 1-3-4 新闻早班车

1.3.2 "中国银行信用卡"服务号

"中国银行信用卡"微信公众号是服务号,用于为信用卡持卡人提供便捷的信用卡服务。用户首次关注时,可先将自己的信用卡账号与公众号进行绑定,以便于在公众号中办理相关的金融业务,例如获取卡号的相关还款信息、分期付款申请等。

"中国银行信用卡"微信公众号的菜单项为"我的账号"、"热卡精彩"和"特色服务"(见

图 1-3-5)。在"我的账户"菜单项中,可以办卡或者推荐他人办卡、查看或者提高信用卡额度、查看账单或者还款、进行分期付款或者现金申请等(见图 1-3-6)。"热卡精彩"菜单项主要是聚焦于信用卡的促销活动(见图 1-3-7)。"特色服务"菜单项主要是为会员提供积分兑换、商城购物等服务(见图 1-3-8)。

图 1-3-5 "中国银行信用卡"服务号主界面

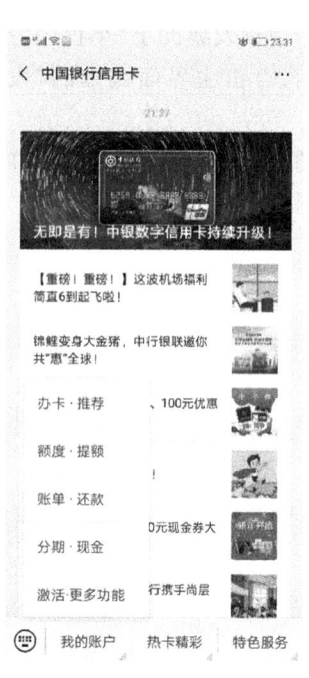

图 1-3-6 "我的账户"菜单项

图 1-3-7 "热卡精彩"菜单项

图 1-3-8 "特色服务"菜单项

1.3.3 "微信发票助手"小程序

开发票的时候,需要提供企业的准确名字和税号,税号较长,很难记住,而且不便于分享。"微信发票助手"就是一款用来帮助用户更好地管理企业发票信息的小程序。

下面以添加"微信发票助手"小程序为例,介绍添加小程序的主要步骤。

(1)打开微信,点击主界面底部的"发现",进入"发现"页面(见图1-3-9),然后点击"小程序"。

(2)在打开的小程序管理界面(见图1-3-10)中可以选中已有的小程序进行删除,或者点击右上角的搜索按钮,添加新的小程序。

图1-3-9 "发现"页面　　　图1-3-10 小程序管理界面

(3)在打开的搜索输入框中输入"微信发票助手"进行搜索,在搜索结果中点击小程序"微信发票助手",即可使用"微信发票助手"小程序,如图1-3-11所示。

图1-3-11 小程序"微信发票助手"

（4）在"微信发票助手"应用界面上点击"添加发票抬头"（见图 1-3-12）可以添加新的发票抬头信息；也可以点击已有的发票抬头，查看发票的具体信息，并通过二维码、微信转发等方式进行分享（见图 1-3-13）。

图 1-3-12　"添加发票抬头"

图 1-3-13　分享发票抬头

1.4　公众平台的管理规定

微信对公众号制定了清晰的运营规范，详情可到官网进行查阅。使用微信公众平台的服务，公众号运营者必须阅读并遵守《微信公众平台服务协议》，以及《腾讯服务协议》《腾讯微信软件许可及服务协议》和腾讯为此制定的专项规则等。本处只是摘取官网中较为重要的部分。公众号运营的基本原则是遵守国家法律法规、诚实守信，不能够实施侵权、诱导、传销、恶性竞争等行为。

1.4.1　注册规范

（1）绑定的邮箱地址要求真实存在，通过该邮箱激活账号。因此若使用不存在的邮箱或者他人未授权的邮箱，将难以通过所输入的邮箱进行账号激活。此外，同一个邮箱只能绑定微信产品的一种账号，这里的微信产品包括开放平台、个人微信、订阅号、服务号、企业微信、小程序，可以尝试解绑或修改绑定的邮箱后再用于注册。

（2）填写运营者的手机号码并按要求成功完成验证。一个手机号码只能注册 5 个公众号。

（3）账号名称应当与功能介绍的内容相符。

（4）账号名称、头像、功能介绍等资料涉及色情、暴力等违法违规内容的，将不能注册。

（5）账号名称、头像、功能介绍等资料涉及侵害他人名誉权、肖像权、知识产权、商业秘密等合法权利的，将不能注册。

（6）申请后 30 日未完成注册，公众号申请注册流程可能被终止，终止后注册所使用邮箱信息将被取消申请注册状态，可用于新公众号注册。

（7）对于特殊的账号名称，即使没有存在重复，也需要提交相关资料审核，并且账号名称暂时为"新注册账号"。

（8）在微信公众平台批量注册大量相似公众号的行为将会被禁止。

（9）部分主体类型需进行主体申请真实性验证后，方可完成注册。

（10）中文版本的运营地区必须在大陆，海外版的运营地区必须在大陆以外。

1.4.2 账号行为规范

鉴于以下行为均属严重违规，影响用户体验，并可能给其他公众账号运营者、用户及平台带来损害，任何微信公众账号均不得以任何形式实施。否则，一经发现将根据违规程度对该公众账号采取相应的处理措施。

1. 使用外挂行为

未经腾讯书面许可使用插件、外挂或其他违规第三方工具（见图 1-4-1）、服务接入本服务和相关系统。

图 1-4-1　第三方工具

2. 浪费账号资源行为

完成注册后，应正当使用账号，不得浪费账号资源，若存在包括但不限于连续 90 日未登录等情形，公众号的部分或全部功能均可能被终止使用。终止使用后，账号名称等相关限制将被解除或释放，注册所使用的邮箱、身份证、微信号等信息也将被取消注册状态。

3. 滥用原创声明功能

（1）如下情形不得对文章进行原创声明，一经发现将永久收回原创声明功能使用权限，导致严重影响的还将对违规公众账号予以一定期限内封号处理。

➢ 未取得合法授权发布的文章；

➢ 文章主要篇幅为诸如法律、法规，国家机关的决议、决定、命令和其他具有立法、行政、司法性质的文件，时事新闻、历法、通用数表、通用表格和公式等的公共内容；

➢ 大篇幅引用他人内容或文章主要内容为他人作品，如书摘、文摘、报摘等；

➤ 营销性质的内容；

➤ 整合的内容；

➤ 非独家代理的文章等；

➤ 色情低俗内容、暴力内容、不实信息等内容；

➤ 违反法律法规、政策及公序良俗、社会公德，违反《微信公众平台服务协议》《微信公众平台运营规范》，或干扰微信公众平台正常运营和侵犯其他用户或第三方合法权益的内容。

（2）含有如下情形之一的，不得对图片进行原创声明，一经发现将永久收回原创图片声明功能的使用权限，产生严重影响的，还将对违规微信公众账号予以包括但不限于一定期限内封号、永久封号等方式的处理。

➤ 抄袭、整合他人创作的图片，或非独家授权申请原创声明的图片；

➤ 涉及色情低俗、暴力、不实信息等内容的图片；

➤ 图片主要内容为法律、法规，国家机关的决议、决定、命令和其他具有立法、行政、司法性质的文件，时事新闻、历法、通用数表、通用表格和公式等公共或众所周知的内容；

➤ 图片主要内容为二维码、基础几何图形、基础色块图、纯文字图、系统常用图、网页或应用截图等通用内容；

➤ 任何以对实物图像作品进行包括但不限于摄影、扫描等而产生的电子版本图片作品；

➤ 违反法律法规、政策及公序良俗、社会公德，违反《微信公众平台服务协议》《微信公众平台运营规范》，或干扰微信公众平台正常运营和侵犯其他用户或第三方合法权益的图片。

（3）含有如下情形之一的，不得对视频作品进行原创声明，一经发现将永久收回原创视频声明功能的使用权限，产生严重影响的，还将对违规微信公众账号予以包括但不限于一定期限内封号、永久封号等方式的处理。

➤ 抄袭、剪辑、拼凑、整合他人内容的视频作品，未获得视频作品本身及视频配音、音乐、图片、片段等元素授权的视频作品；

➤ 非独家授权的视频作品；

➤ 涉及色情低俗、暴力、不实信息等内容的视频；

➤ 视频内容为法律法规规定不予保护的作品；

➤ 违反法律法规、政策及公序良俗、社会公德，违反《微信公众平台服务协议》《微信公众平台运营规范》，或干扰微信公众平台正常运营和侵犯其他用户或第三方合法权益的视频。

4. 违法经营行为

（1）非法分销行为；

（2）未取得法定许可证件或牌照、未获得在先的行政许可或不符合监管部门的要求，发布、传播或从事相关经营活动的行为，包括但不限于违规发布药品或医疗器械推广内容的、违规发布证券或期货等投资类有偿咨询内容的、违规发布烟草宣传内容的；

（3）以任何形式参与、鼓励、促进或诱导他人排斥正常商业竞争的行为，或为前述行为的传播提供便利的行为；

（4）其他违法经营行为。

第2章

公众号注册

微信公众平台注册的步骤主要是:填写基本信息→选择类型→信息登记→填写公众号信息。

2.1 注册订阅号

创建订阅号

2.1.1 订阅号概述

订阅号主要用于信息发布、传播,既适合于公司、组织,也适合于个体。一般而言,为了发布信息,公司会在注册一个订阅号的同时注册一个服务号。

订阅号具有如下特点:

(1)每天可以发送1条群发消息;

(2)发给订阅用户的消息,将会显示在对方的订阅号文件夹中;

(3)在发送消息给订阅用户时,订阅用户不会收到即时消息提醒;

(4)如果要自定义菜单,需提交300元申请腾讯的微信认证;

(5)订阅号不可申请微信支付功能。

2.1.2 订阅号注册步骤

(1)登录微信公众平台官网 https://mp.weixin.qq.com/,点击右上角的"立即注册",进入微信公众号注册界面(见图 2-1-1),由此可见,在微信公众平台上可以注册订阅号、服务号、小程序和企业微信四种类型的账号。

(2)点击"订阅号",输入邮箱、邮箱验证码和密码信息(见图 2-1-2)。在输入邮箱后,点击"激活邮箱"按钮,微信公司会将邮箱验证码发送到该邮箱,注册者需要登录邮箱获取。验证码的有效时间为半个小时,过后需要重新激活邮箱。激活公众号的密码长度最短为8位。用户在这一步完成后,微信公众平台就为其建立好账号,下面的步骤可以后面再做。

图 2-1-1 选择注册的账号类型

图 2-1-2 填写基本信息

(3)选择企业注册地,见图 2-1-3。

(4)确定公众号的账号类型,即订阅号、服务号、企业微信当中的一种(见图 2-1-4),在此处选择订阅号。注意:这三种公众号类型存在差异,一旦成功建立账号,类型不可更改。例如:选择创建订阅号后,不能够将其更改为服务号。图 2-1-4 简要概述了每种公众号类型的用途、适用场合以及特点,以方便用户选择。

(5)用户信息登记(见图 2-1-5)。公众号的主体类型有政府、媒体、企业、其他组织和个人等。其中个人可注册 1 个账号,个体工商户、企业、其他组织可注册 2 个账号,政府和媒体可注册 50 个账号。

可以参考营业执照上的"类型"选择公众号的主体类型,表 2-1-1 是对主体类型的说明。

1 基本信息
2 选择类型
3 信息登记
4 公众号信息
请选择企业注册地，暂只支持以下国家和地区企业类型申请帐号
中国大陆
热门国家/地区
中国大陆
中国香港
马来西亚
澳大利亚
加拿大
新加坡
新西兰
美国
中国台湾
日本

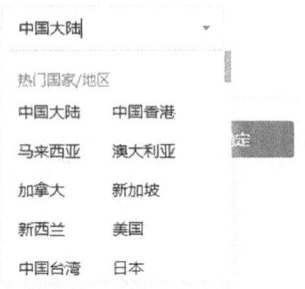

图 2-1-3　选择企业注册地

1 基本信息
2 选择类型
3 信息登记
4 公众号信息
请选择帐号类型，一旦成功建立帐号，类型不可更改
订阅号
为媒体和个人提供一种新的信息传播方式，构建与读者之间更好的沟通与管理模式。
适用于个人和组织
群发消息 1条/天
消息显示位置 订阅号列表
基础消息接口/自定义菜单 有
高级接口能力 无
微信支付 无
了解详情
选择并继续
服务号
给企业和组织提供更强大的业务服务与用户管理能力，帮助企业快速实现全新的公众号服务平台。
不适用于个人
群发消息 4条/月
消息显示位置 会话列表
基础消息接口/自定义菜单 有
高级接口能力 有
微信支付 可申请
了解详情
选择并继续
企业微信
原企业号
为企业提供专业的通讯工具、丰富的办公应用与API，助力企业高效沟通与办公。
粉丝关注需验证身份且关注有上限
群发消息 无限制
消息显示位置 会话列表
基础消息接口/自定义菜单 有
高级接口能力 有
了解详情
选择并继续

图 2-1-4　选择公众号类型

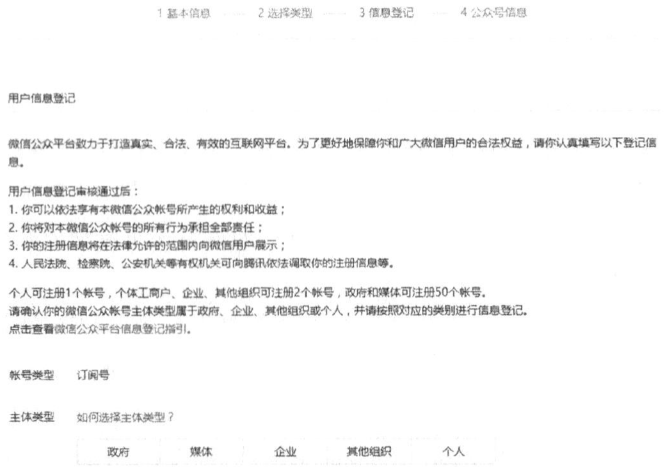

1 基本信息
2 选择类型
3 信息登记
4 公众号信息
用户信息登记
微信公众平台致力于打造真实、合法、有效的互联网平台。为了更好地保障你和广大微信用户的合法权益，请你认真填写以下登记信息。
用户信息登记审核通过后：
1. 你可以依法享有本微信公众帐号所产生的权利和收益；
2. 你将对本微信公众帐号的所有行为承担全部责任；
3. 你的注册信息将在法律允许的范围内向微信用户展示；
4. 人民法院、检察院、公安机关等有权机关可向腾讯依法调取你的注册信息等。
个人可注册1个帐号，个体工商户、企业、其他组织可注册2个帐号，政府和媒体可注册50个帐号。
请确认你的微信公众帐号主体类型属于政府、企业、其他组织或个人，并请按照对应的类别进行信息登记。
点击查看微信公众平台信息登记指引。
帐号类型 订阅号
主体类型 如何选择主体类型？
政府
媒体
企业
其他组织
个人

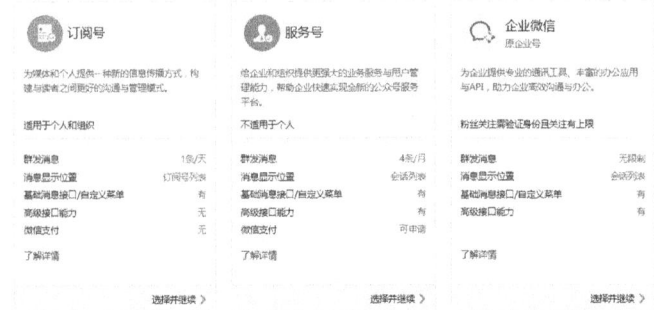

图 2-1-5　选择公众号的主体类型

表 2-1-1　常见主体类型

注册选择类型	范　围
个人	18 岁以上有国内身份信息的微信实名用户
个体工商户	个体户,个体工商户、个体经营
企业	个人独资企业、企业法人、非法人企业、非公司制企业法人、全民所有制企业、农民专业合作社、企业分支机构、合伙企业、其他企业
媒体	事业单位媒体、其他媒体、电视广播、报纸、杂志、网络媒体等
其他组织	免费类型(基金会、国外政府机构驻华代表处)
	社会团体(社会团体法人、社会团体分支、代表机构、其他社会团体、群众团体)
	民办非企业、学校、医院等
	其他组织(农村村民委员会、城市居民委员会、其他未列明的组织机构)
	事业单位(事业单位法人、事业单位分支、派出机构、部队医院、国家权力机关法人、其他事业单位)
政府单位	政府机关(国家行政机关法人、民主党派、政协组织、人民解放军、武警部队、其他机关)

本处以个人类型为例进行介绍。点击"个人"类型,需要输入个人的身份证姓名、身份证号码、管理员手机号码和手机验证码,进行身份认证(见图 2-1-6)。

主体信息登记

身份证姓名

请填写姓名

信息审核成功后身份证姓名不可修改;如果名字包含分隔号"·",请勿省略。

身份证号码

请输入您的身份证号码。

管理员身份　请先填写管理员身份信息
验证

管理员信息登记

管理员手机　　　　　　　　　获取验证码
号码

请输入您的手机号码,一个手机号码只能注册5个公众帐号。

短信验证码　　　　　　　　　　无法接收验证码?

请输入手机短信收到的6位验证码

图 2-1-6　输入主体信息

在输入身份证姓名和身份证号码之后,将会显示如图 2-1-7 所示的管理员身份验证。

使用手机微信扫描,通过之后,将会显示图 2-1-8。

输入管理员手机号码并获取验证码,提交后,显示如图 2-1-9 所示的确认信息,确认无误后,点击"确定"按钮。

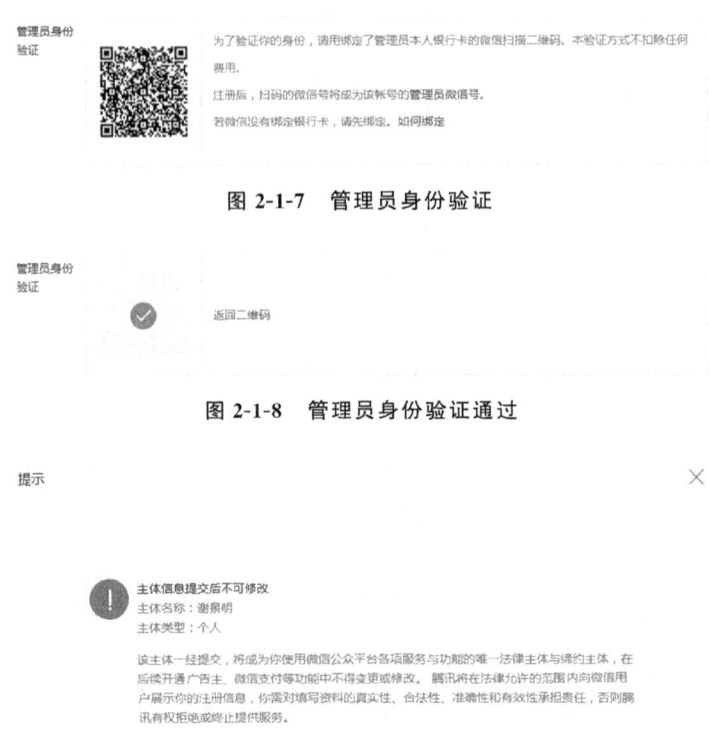

图 2-1-7　管理员身份验证

图 2-1-8　管理员身份验证通过

图 2-1-9　主体信息提交确认

（6）填写公众号信息，包括账号名称、功能介绍、运营地区等（见图 2-1-10），点击"完成"，即可实现订阅号的创建。

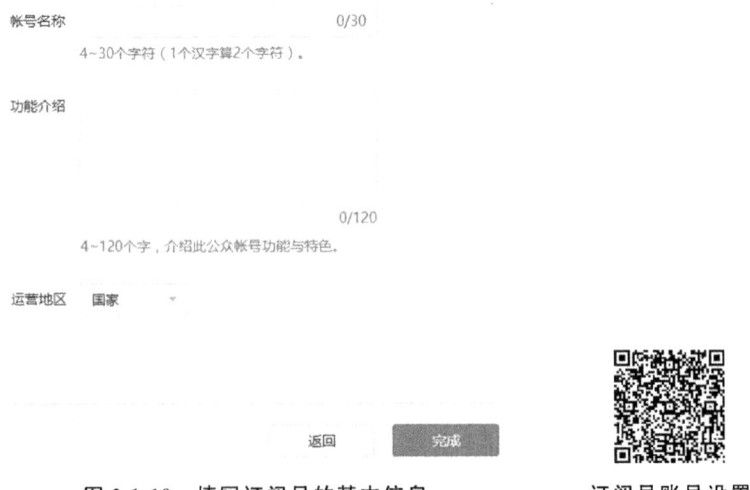

图 2-1-10　填写订阅号的基本信息　　　　　订阅号账号设置

2.2 注册服务号

2.2.1 服务号概述

服务号主要用于为客户提供业务服务,适合于企业,例如银行、百货超市公司、票务企业、旅游公司等。

服务号具有如下特点:

(1)1个自然月内仅可以发送4条群发消息;

(2)发给订阅用户的消息,会显示在对方的微信聊天列表中;

(3)在发送消息给用户时,用户将收到即时的消息提醒;

(4)服务号无须认证即可免费申请自定义菜单;

(5)服务号获得微信认证后即可申请微信支付,接入微信支付可在服务中心申请开通微信小店功能。

2.2.2 服务号注册步骤

(1)与2.1.2订阅号注册步骤的第(1)步相同,首先登录微信公众平台官网 https://mp.weixin.qq.com/,点击右上角的"立即注册",进入微信公众号注册界面,点击"服务号"(见图2-2-1)。

服务号

具有用户管理与提供业务服务的能力
适合企业及组织注册

图 2-2-1　服务号注册

(2)在基本信息页面中输入邮箱、验证码、微信公众平台密码等。

(3)在选择类型页面中从下拉框中选择企业注册地后,点击服务号"选择并继续"。

(4)在"主体信息登记"页面中选择企业类型为"企业",输入企业名称和营业执照注册号,选择对将要注册服务号的企业的验证方式(法定代表人验证、支付验证、微信认证)等(见图2-2-2)。

其中法定代表人验证要求输入法定代表人的身份证姓名、身份证号码,并使用绑定了法定代表人本人银行卡的微信扫描二维码(见图2-2-3)。该验证方式不扣除任何费用,验证方法较为方便,如果后期不需要申请支付或者认证,这种验证方法最为简单。

支付验证要求输入开户名称、开户银行、对公账户、开户地点等信息(见图2-2-4)。之后需要使用该对公账户向腾讯公司打款,腾讯公司收到汇款后,会将注册结果发至管理员微信、公众

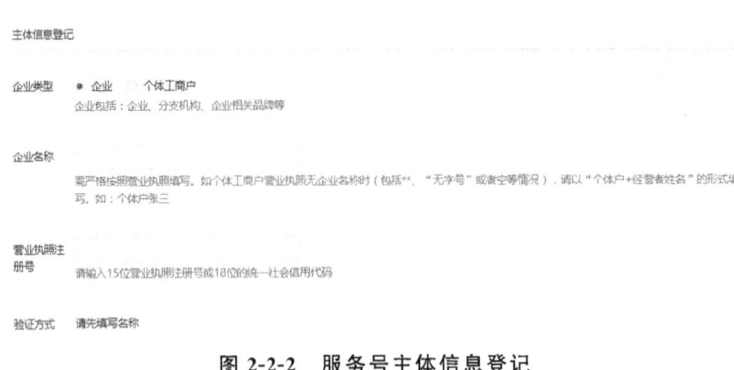

图 2-2-2　服务号主体信息登记

图 2-2-3　法定代表人验证

平台站内信，并将款项从原路退回至对公账户。

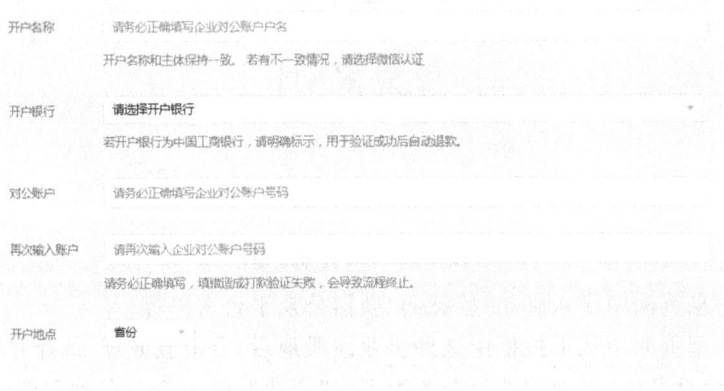

图 2-2-4　支付验证

　　微信认证主要是通过微信注册并认证，无须小额打款验证，需支付 300 元审核费用。提交认证后会在 1～5 个工作日完成审核。审核完成后会获得认证标识，订阅号自定义菜单可插入外部链接；服务号可获得高级接口及开通支付权限等。

　　（5）本例子以法定代表人进行验证，然后填写管理员身份信息，可以将法定代表人设置为管理员，也可以设置他人为管理员（见图 2-2-5）。

　　（6）如果是将法定代表人设置为管理员，只需要填写管理员手机号码和短信验证码即可，见图

图 2-2-5　管理员信息登记

2-2-5；如果是选择设置他人为管理员，则还需要另外填写管理员的姓名和身份证号码，见图 2-2-6。

图 2-2-6　设置他人为管理员需要填写的信息

（7）在使用管理员的微信进行扫描验证身份通过后，点击"确定"按钮，出现图 2-2-7 所示的提示。

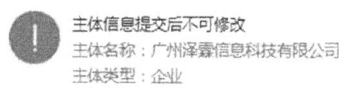

图 2-2-7　主体信息提交后不可修改的提示

（8）点击"确定"，需要录入服务号的账号名称、功能介绍和运营地区等信息（见图 2-2-8）。

图 2-2-8　录入服务号信息

（9）输入账号名称、功能介绍、运营地区等信息后，点击"完成"，出现图 2-2-9 所示的提示，可点击"前往微信公众平台"按钮。消息提示法定代表人信息经工商验证通过后即可成功创建公众号，校验期间暂时无法使用公众平台群发功能和高级功能。提示信息写着预计在 5 个工作日内完成校验，但通常会较快，一般在一个工作日内就可以完成。

 法定代表人信息经工商数据验证通过后即可成功创建公众号
法定代表人信息，工商数据正在校验中，暂时无法使用公众平台群发功能和高级功能。预计在 5 个工作日内完成校验。

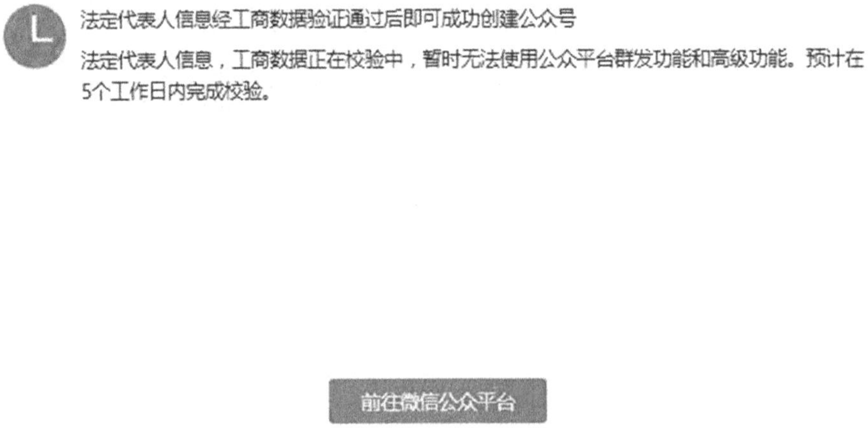

前往微信公众平台

图 2-2-9　完成公众号注册的提示

（10）在微信公众平台界面的右上角有一个邮件图标，点击可以查看通知信息，若看到如图 2-2-10 所示的信息，则表示法定代表人验证通过，公众号注册成功。

图 2-2-10　法定代表人验证结果通知

2.3　注册企业微信

2.3.1　企业微信概述

企业微信原来的名字是企业号,主要用于企业内部员工的信息沟通与协作,提升企业对员工的服务与管理水平,适合企业客户注册。这里的企业可以是公司、政府机关、学校、医院等事业单位和非政府组织。

企业微信提供的功能相当于办公自动化系统,具有如下功能:

(1)打卡功能:员工可以在外出时,基于地理位置进行打卡。

(2)审批功能:能够进行请假、报销、费用、出差、采购、加班、外出、用章、付款、用车、绩效等申请与审批。

(3)汇报功能:有日报、周报、月报、销售业绩、营业报告、拜访记录、汇报等,可以将报告发送给指定的人。

(4)公告功能:由管理员向所有成员发送公告。

(5)文件盘功能:公司资料共享。

(6)同事吧功能:发表帖子,进行交流。

(7)公费电话功能:由公司支付话费,公费拨打电话。

(8)企业邮箱功能:绑定工作邮箱,在企业微信中接收新邮件提醒。

(9)第三方应用功能:丰富的第三方应用,例如团队协同、移动办公、客户关系、文化建设、人力资源、企业培训、表单流程、供应链管理、企业服务、财务报销、电子合同、小程序等。其中有免费版、试用版等。

2.3.2　企业微信注册步骤

(1)与2.1.2订阅号注册步骤的第(1)步相同,首先登录微信公众平台官网 https://mp.weixin.qq.com/,点击右上角的"立即注册",进入微信公众号注册界面,点击"企业微信"(见图2-3-1)。

(2)在"注册企业微信"页面填写下面两部分信息后,点击"注册"按钮。

①填写企业信息:包括企业名称、行业类型和人员规模,其中行业类型和人员规模都可以直接从选择下拉框中选取(见图2-3-2)。

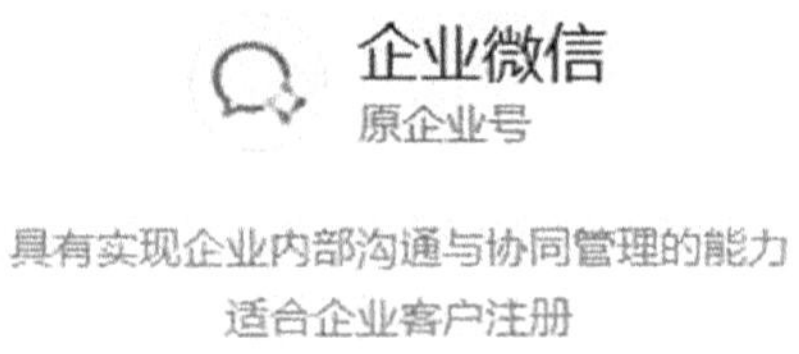

企业微信
原企业号

具有实现企业内部沟通与协同管理的能力
适合企业客户注册

图 2-3-1 企业微信注册

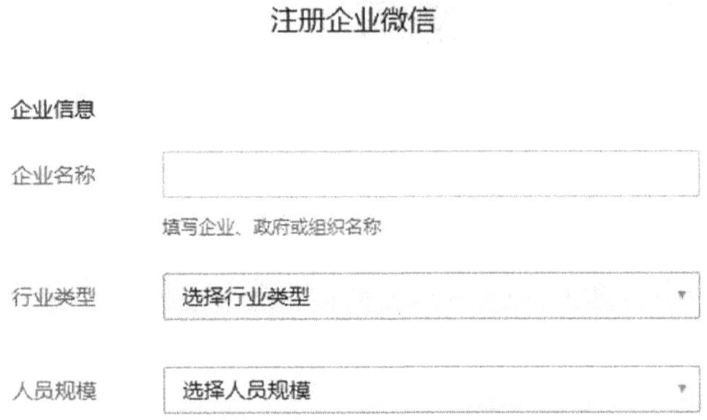

注册企业微信

企业信息

企业名称

填写企业、政府或组织名称

行业类型   选择行业类型   ▼

人员规模   选择人员规模   ▼

图 2-3-2 填写企业信息

②填写企业微信管理员的信息：包括管理员姓名、手机号、短信验证码，用管理员的微信扫描二维码绑定（见图 2-3-3）。注册成功后，管理员可以用此微信登录管理后台。

管理员信息

管理员姓名

请填写企业微信管理员的姓名

管理员手机号   +86 ▼   手机号

请填写正确的手机号码

短信验证码   获取验证码

请输入手机短信收到的6位验证码

管理员微信

扫码绑定微信，创建完成后请用此微信
登录管理后台

图 2-3-3 填写企业微信的管理员信息

（3）注册成功（见图 2-3-4）后，可以进行如下操作：

进入管理后台

图 2-3-4　注册成功

①进入管理后台。使用管理员的微信扫描二维码，下载企业微信 App。也可以点击"进入管理后台"按钮，进入企业微信管理后台。

②管理员的手机微信会收到一条关于企业微信注册的服务通知（见图 2-3-5），点击"详情"进入下载企业微信 App 页面（见图 2-3-6），下载后将在手机上安装企业微信。

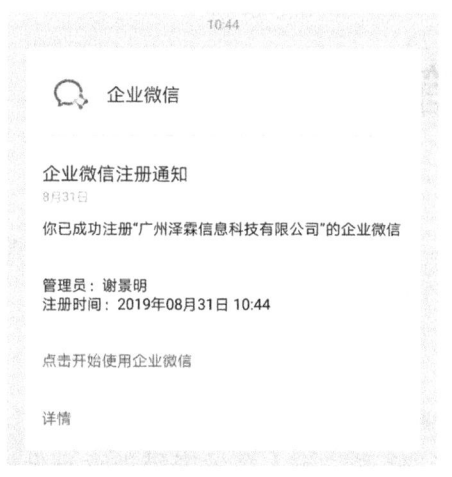

广州泽霖信息科技有限公司

创建人·谢景明

使用企业微信，和同事沟通更便捷
还可通过丰富的应用能力高效完成工作

下载企业微信

图 2-3-5　企业微信注册通知　　　　**图 2-3-6　下载手机版企业微信**

（4）使用企业微信管理平台。详细操作请查看第 4 章。

2.4 注册公众号所需要的材料

注册公众号所需要的材料如表 2-4-1 所示。

表 2-4-1 注册公众号所需要的材料

个 体 户 类 型	企 业 类 型	政 府 类 型	媒 体 类 型	其他组织类型	个 人 类 型
个体户名称	企业名称	政府机构名称	媒体机构名称	组织机构名称	
营业执照注册号/统一信用代码	营业执照注册号/统一信用代码	组织机构代码	组织机构代码/统一信用代码	组织机构代码/统一信用代码	
运营者身份证姓名	运营者身份证姓名	运营者身份证姓名	运营者身份证姓名	运营者身份证姓名	运营者身份证姓名
运营者身份证号码	运营者身份证号码	运营者身份证号码	运营者身份证号码	运营者身份证号码	运营者身份证号码
运营者手机号码	运营者手机号码	运营者手机号码	运营者手机号码	运营者手机号码	运营者手机号码
已绑定运营者银行卡的微信号	已绑定运营者银行卡的微信号	已绑定运营者银行卡的微信号	已绑定运营者银行卡的微信号	已绑定运营者银行卡的微信号	已绑定运营者银行卡的微信号
	企业对公账户				

2.5 修改绑定的邮箱

邮箱相当于微信公众平台的账号,具有唯一性,一个邮箱只能用于一个公众号。管理者是可以更换注册时所用的邮箱的,但在一个月内只允许修改一次。

2.5.1 修改公众号的注册邮箱

在以公众号注册的邮箱登录进去之后,点击左侧导航栏的"设置"→"公众号设置",在账号详情页面底部的"登录邮箱"处(见图 2-5-1)点击"修改",输入登录密码进行身份验证(见图 2-5-2)。

系统会向原注册的邮箱发送邮件(见图 2-5-3)。

打开邮件,点击"确认"按钮,系统会打开输入新的登录邮箱账号页面(见图 2-5-4)。

注册信息

登录邮箱　　32959247@qq.com　　　　　　　　　　　　　　　　　　　修改 ⑦

图 2-5-1　注册公众号的邮箱地址

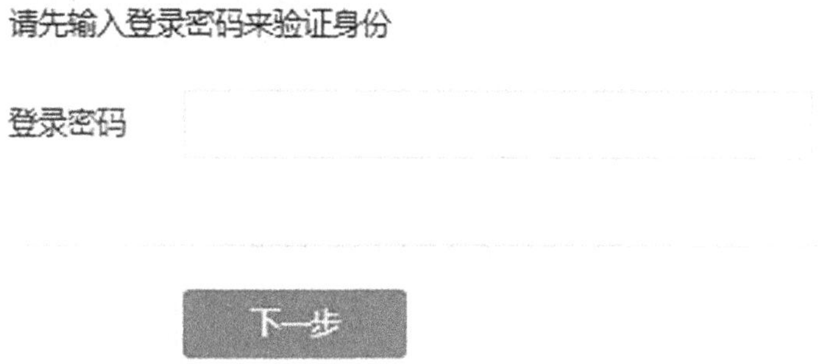

请先输入登录密码来验证身份

登录密码　　［　　　　　　　　　　］

下一步

图 2-5-2　验证身份

 验证邮箱
已发送邮件到你的登录邮箱：32959247@qq.com
请进入邮箱查看邮件，验证登录邮箱。

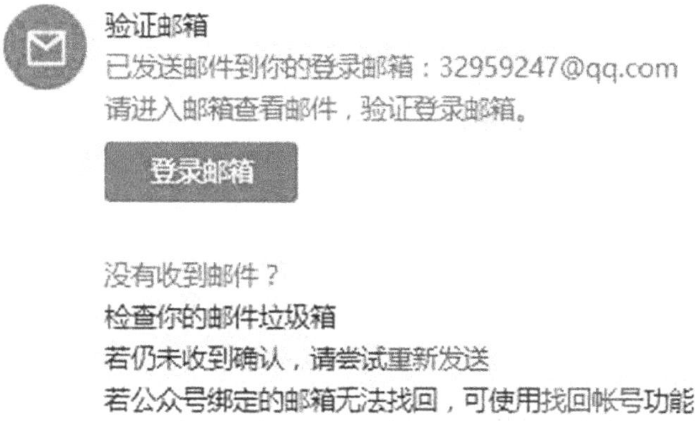

登录邮箱

没有收到邮件？
检查你的邮件垃圾箱
若仍未收到确认，请尝试重新发送
若公众号绑定的邮箱无法找回，可使用找回帐号功能

图 2-5-3　发送验证邮件到邮箱

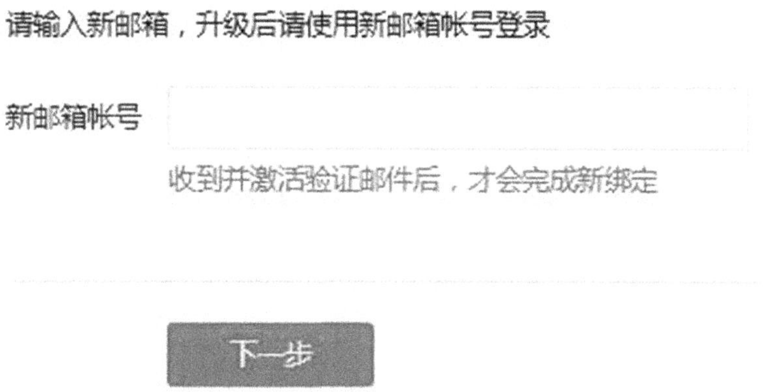

请输入新邮箱，升级后请使用新邮箱帐号登录

新邮箱帐号　　［　　　　　　　　　　］

收到并激活验证邮件后，才会完成新绑定

下一步

图 2-5-4　新邮箱账号

点击"下一步"，会发送一个验证邮件到新的邮箱中（见图 2-5-5）。

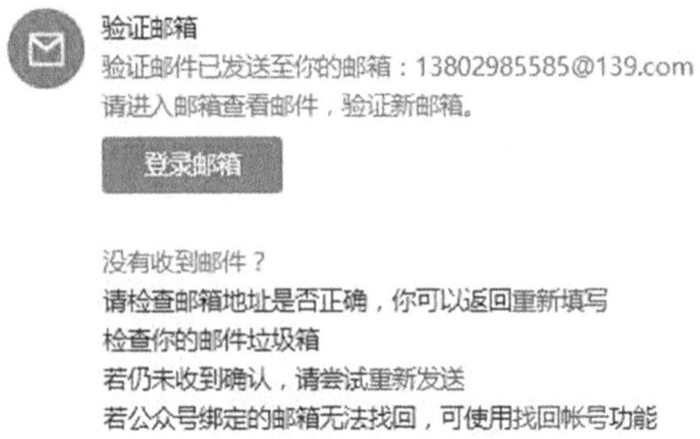

验证邮箱
验证邮件已发送至你的邮箱：13802985585@139.com
请进入邮箱查看邮件，验证新邮箱。

登录邮箱

没有收到邮件？
请检查邮箱地址是否正确，你可以返回重新填写
检查你的邮件垃圾箱
若仍未收到确认，请尝试重新发送
若公众号绑定的邮箱无法找回，可使用找回帐号功能

图 2-5-5 发送验证邮件到新邮箱

登录新邮箱，打开验证邮件，点击验证链接，验证成功后，就可以使用新邮箱作为账号来登录公众号（见图 2-5-6）。

邮箱验证成功
你的登录邮箱已修改为13802985585@139.com，现在开始，你需要使用该邮箱来登录你的公众帐号

图 2-5-6 邮箱验证成功提示

2.5.2 修改小程序的注册邮箱

在以小程序注册的邮箱登录进去之后，点击左侧导航栏的"设置"，在基本设置页面底部的"登录邮箱"处（见图 2-5-7）点击"修改"，在使用微信扫码验证通过后，输入新的邮箱和验证码（见图 2-5-8）。

登录邮箱　13802985585@139.com　　　　一个月内可申请修改1次　　　　　修改
　　　　　　　　　　　　　　　　　　　本月还可修改1次

图 2-5-7 修改小程序登录注册邮箱

新的邮箱　　　　请输入新的邮箱地址
　　　　　　　　收到并激活验证邮件之后，请使用新的邮箱登录

验证码　　　　　　　　　　　　　　　Ymw^n 换一张

我同意并遵守上述的《微信小程序平台服务条款》

下一步

图 2-5-8 输入新的邮箱

点击"下一步"（见图2-5-9），在新的邮箱中打开微信团队发来的邮箱验证邮件，点击链接即可。

验证新登录邮箱

感谢注册！确认邮件已发送至你的登录邮箱：3557838643@qq.com。
请进入邮箱查看邮件，验证登录邮箱。

前往邮箱

图 2-5-9　发送验证链接到新邮箱

修改成功后，使用新的邮箱登录，在设置中可以看到修改后的邮箱信息（见图2-5-10）。

登录邮箱　　3557838643@qq.com　　一个月内可申请修改1次
本月还可修改0次

图 2-5-10　新的登录邮箱

第 **3** 章 公众平台的使用

3.1 发送、修改、删除文章

3.1.1 发送图文消息

微信公众号发送的文字内容可以是图文、图片、文字、音频和视频，这些内容都被认为是消息。如果文章需要图片、音频和视频等素材，需要先从本地上传到微信平台，然后再引用。下面介绍发送一个图文文章的主要过程。

（1）登录微信公众平台 https://mp.weixin.qq.com/ 后，输入注册账号和密码，并使用微信扫描授权登录，则可以进入微信公众平台管理界面（见图 3-1-1）。左侧为微信公众平台的操作导航，分为首页、功能、小程序、管理、推广、统计等大类。在页面上点击"新建群发"按钮，发送图文信息。

图 3-1-1　微信公众平台管理界面

（2）在打开的腾讯群发声明页面（见图 3-1-2），阅读注意事项，点击"同意以上声明"。注意：该提示仅在首次发送消息时出现。

腾讯提醒你：

在使用微信公众平台群发消息功能前，请你务必仔细阅读并透彻理解本声明。你可以选择不使用群发消息功能，但如果你使用群发消息功能，你的使用行为将被视为对本声明全部内容的认可。

1. 群发消息内容完全由你生成，不代表腾讯赞成你的内容或立场。

2. 你应该对使用群发消息功能的结果自行承担风险。因网络状况、通讯线路、帐号异常等原因而导致你不能正常使用或群发消息内容不能够实时到达，腾讯不承担任何法律责任。

3. 对于帐号异常的用户，腾讯可以取消你的群发消息功能。

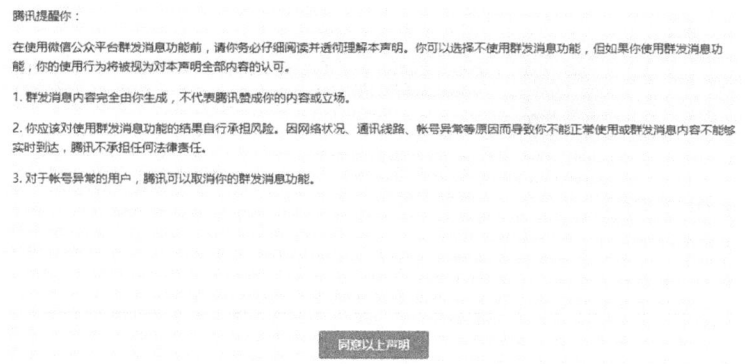

图 3-1-2　腾讯群发声明

（3）进入新建群发消息编辑页面（见图3-1-3），点击"自建图文"。

图 3-1-3　新建群发

（4）在图文编辑界面（见图3-1-4）输入标题、作者、正文等内容。在右侧编写好图文内容之后，点击"保存并群发"即可。也可以点击"保存"，暂时先不发送；或者点击"预览"来查看图文消息编辑效果。

图 3-1-4　编辑图文内容

（5）点击"文章设置"，可以设置文章的封面和摘要（见图3-1-5）。如果文字为原创，则点击"声明原创"，还可以添加原文链接。

图 3-1-5　设置消息的封面和摘要

（6）群发成功后，点击左侧的【首页】，可以看到刚刚群发的消息（见图 3-1-6）。

图 3-1-6　最近编辑消息与已群发消息视图

3.1.2　添加多条图文消息

点击 3.1.1 节中第（4）步编辑图文消息界面左侧的"＋"按钮（见图 3-1-7）。

图 3-1-7　添加多条图文信息　　　　　　　　　　　发布多条图文消息

点击加号可以选择"写新图文"、"选择图文"、"视频消息"、"音频消息"、"图片消息"和"转载",见图 3-1-8,其中"选择图文"是从素材库选择图文。点击这些操作一次就新增一条图文消息,最多一次可发布 8 条图文消息。每条图文消息的编辑方法和 3.1.1 节所介绍的方法一致。

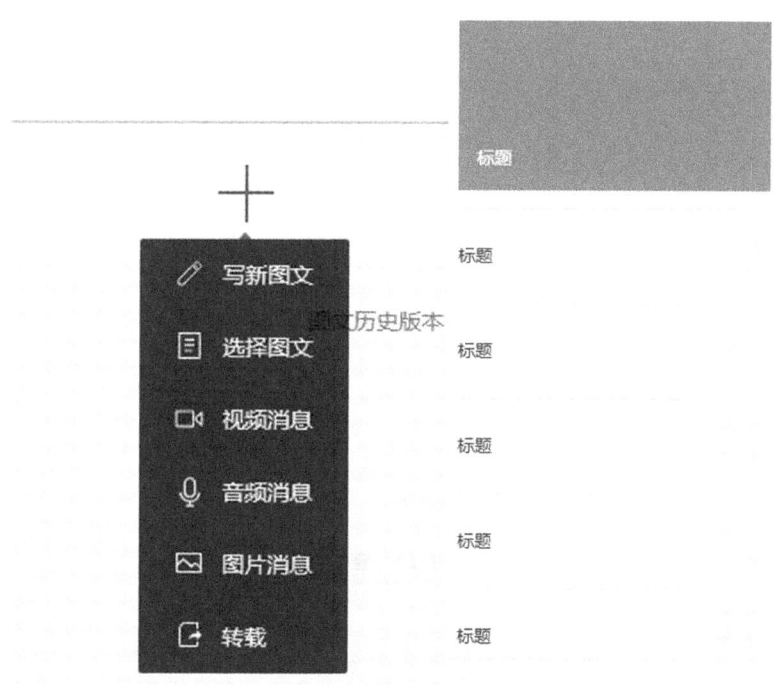

图 3-1-8　一次发布多条图文消息

3.1.3　发送转载文章

与本书 3.1.1 节发送图文消息步骤(1)相同,然后执行以下步骤:

(1)点击"转载文章"(见图 3-1-9)。

图 3-1-9　转载文章

(2)在"查找文章"的输入框中输入原创文章的链接、标题或者关键字,然后按回车键查找(见图 3-1-10)。图 3-1-11 演示了输入"职业教育改革"关键字后,显示出的文章记录,选中需要分享的文章，点击"分享"按钮。

图 3-1-10　查找文章

图 3-1-11　转载文章示例

（3）回到转载文章页面（见图 3-1-12），点击"保存并群发"后，再点击群发，即可以发送链接消息。

《国家职业教育改革实施方案》学习体会4

分享一篇文章。|

景容观点

《国家职业教育改革实施方案》学习体会4

《国家职业教育改革实施方案》学习体会4黄景容研究员136622625882019年3月7日 《国家职业教育改革实施方案》即《职教20条》之3："推进高等职业教育高质量发展"的学习体会原文1：把发展高等职业教育作为优化高等教育结构和培养大国工匠、能工巧匠的重要方式。（一）学

阅读全文

保存　　　预览　　　保存并群发

图 3-1-12　群发转载文章

3.1.4　发送音频消息

与本书 3.1.1 节发送图文消息步骤(1)相同,然后执行以下的步骤：

(1)在新建群发界面点击"语音",然后选择"新建语音"(见图 3-1-13)。

图文消息　T 文字　图片　语音　视频

从素材库选择　新建语音

群发对象　全部用户　　性别　全部　　群发地区　国家

预览　群发　你今天还能群发 1 次消息

图 3-1-13　新建语音

(2)在打开的新建语音编辑界面(见图 3-1-14),输入标题,选择语音分类,并且上传语音文件,点击"保存",即可在语音素材库中保存一个语音文件(见图 3-1-15)。注意：标题的长度不超过 14 个字。语音文件格式支持 mp3、wma、wav、amr、m4a,文件大小不超过 30 MB,语音时长不超过 30 分钟。

(3)点击首页的"新建群发",选择"语音"→"从素材库选择"(见图 3-1-16)。

(4)在素材库界面,选择步骤(2)保存的语音,点击"确定"(见图 3-1-17)。

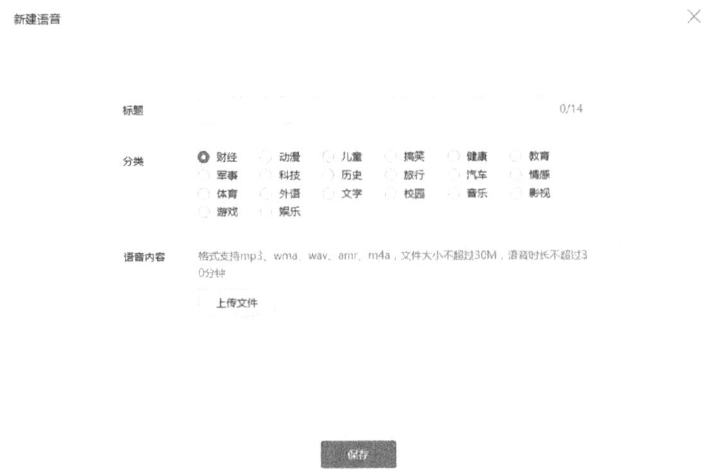
新建语音
标题
0/14
分类
财经 动漫 儿童 搞笑 健康 教育
军事 科技 历史 旅行 汽车 情感
体育 外语 文学 校园 音乐 影视
游戏 娱乐
语音内容
格式支持mp3、wma、wav、amr、m4a，文件大小不超过30M，语音时长不超过30分钟
上传文件
保存

图 3-1-14　新建语音素材

素材管理
图文消息 图片 语音 视频
语音（共1条）
搜索语音
添加
解读职业教育改革实施方案
2019年03月08日
01:01

图 3-1-15　将语音文件放到素材管理中

从素材库选择
新建语音

图 3-1-16　从素材库选择语音

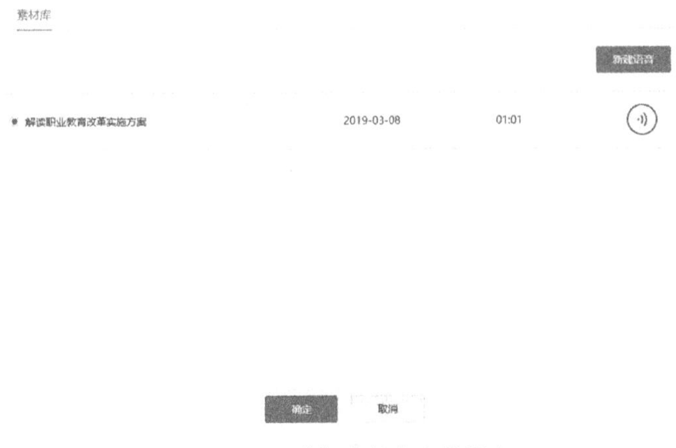
素材库
新建语音
解读职业教育改革实施方案
2019-03-08
01:01
确定
取消

图 3-1-17　选择素材库中的语音

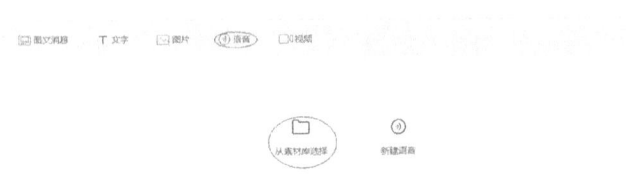

(5)可以对语音进行文字说明,字数限制为 140 个,然后点击“群发”(见图 3-1-18)。

图文消息
文字
图片
语音
视频
0/140
替换素材
01:01
群发对象
全部用户
性别
全部
群发地区
国家
预览
群发

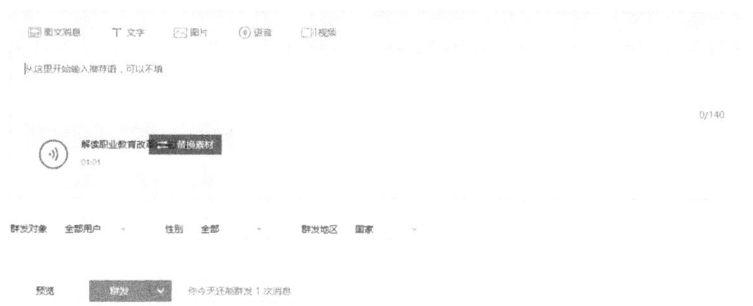

图 3-1-18　添加语音文字描述

3.1.5　发送原文链接

本书 3.1.3 节的发送转载文章是引用其他微信公众平台发送的消息。本节介绍如何在消息中引用网页。与 3.1.1 节发送图文消息步骤的(1)～(3)步相同,然后执行以下步骤:

(1)在图文编辑界面输入标题、作者、正文等内容。其中标题、作者可以是原文链接中的标题和作者,正文内容为原文链接中简要的内容介绍、点评、推介等。

(2)勾选“文章设置”中的“原文链接”,弹出原文链接输入框(见图 3-1-19),此时,将需要引用的网址复制到输入框中,点击“确定”。

原文链接
确定
取消
原文链接

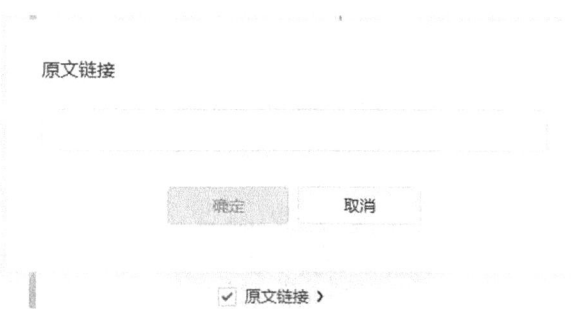

图 3-1-19　原文链接

(3)发布图文消息后,读者在微信订阅号打开图文信息后,在内容的底部将会看到“阅读原文”标签(见图 3-1-20),点击“阅读原文”后,将会打开对应的网页。

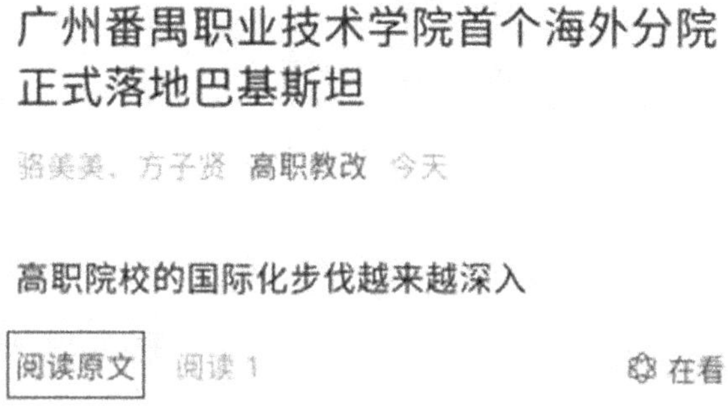
广州番禺职业技术学院首个海外分院
正式落地巴基斯坦
骆美美、方子贤　高职教改　今天
高职院校的国际化步伐越来越深入
阅读原文
阅读 1
在看

图 3-1-20　阅读原文

3.1.6　发送视频消息

发送音频、视频消息的步骤类似，但视频的发送多了一个"视频链接"的选择，下面介绍其使用方法。与 3.1.1 节发送图文消息的步骤(1)相同，然后执行以下步骤：

(1)在新建群发界面点击"视频"，然后点击"从素材库选择"(见图 3-1-21)。

图 3-1-21　发送视频消息　　　　　　　　　　　　　　　**上传视频素材**

(2)从选择视频页面选择"视频链接"，输入视频详情页的网址，需要注意的是只支持已发布的微信公众号链接、视频详情页链接和腾讯视频链接。图 3-1-22 所示为腾讯视频的链接地址。

图 3-1-22　选择视频

(3)点击"确定"按钮，然后在新建群发页面点击"群发"。

3.1.7　修改文章

微信公众号对已经发送出去的文章的修改有着较为严格的规定：

(1)一篇文章最多只能修改一次。

(2)每篇文章只能修改 10 个字，包括增加、删除和替换。

下面演示如何修改一篇文章：

（1）点击微信公众平台左侧导航栏"首页"，向下拖动浏览器的垂直滚动条，可以看到"已群发消息"列表（见图 3-1-23）。

图 3-1-23　已群发消息列表

（2）选中想要修改的文章，点击右侧的"改"字图标（见图 3-1-24）。

图 3-1-24　选中需要修改的文章

（3）在弹出的文章中，选中要修改的部分，会弹出一个修改框，然后在"修改为"输入框中输入需要替换的内容，点击"确定"按钮，然后点击"提交修改"（见图 3-1-25）。

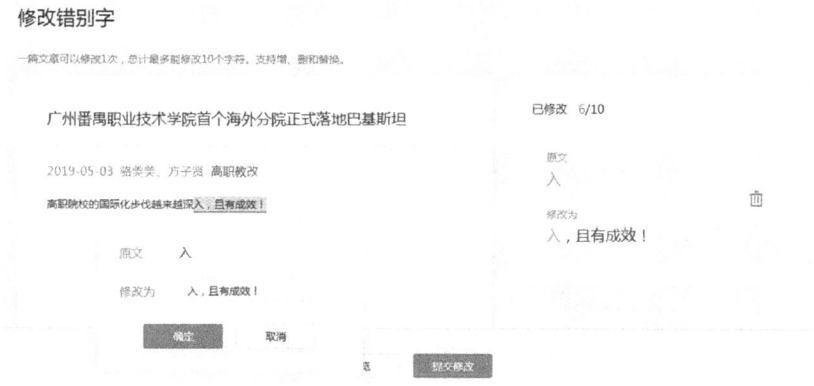

图 3-1-25　修改错别字

（4）在"温馨提示"页面阅读修改提示，点击"确定"（见图3-1-26）。

温馨提示 ✕

ⓘ

确认提交修改

修改成功后，用户打开页面将看到更新后的内容，文章底部将显示修改时间。一篇文章只能修改一次，请核对并确认。

确定　　取消

图 3-1-26　确认提交修改

（5）使用微信查看修改过的文章，系统在底部有一个修改时间的标记（见图3-1-27）。

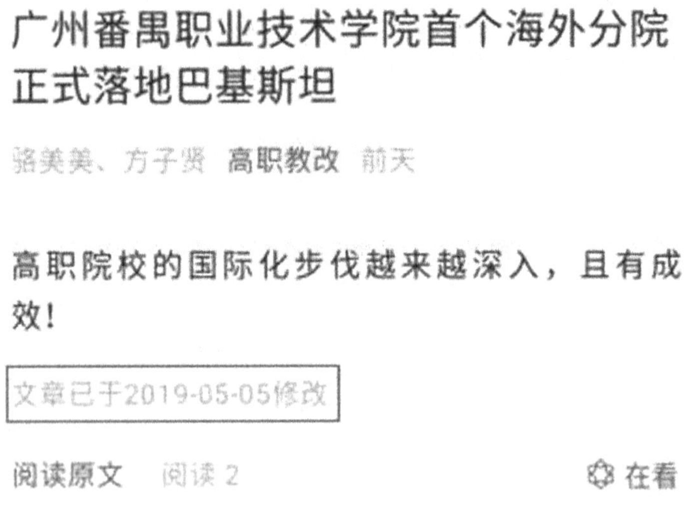

广州番禺职业技术学院首个海外分院正式落地巴基斯坦

骆美美、方子贤　高职教改　前天

高职院校的国际化步伐越来越深入，且有成效！

文章已于2019-05-05修改

阅读原文　阅读2　　　　　　　✿ 在看

图 3-1-27　修改文章的标记

3.1.8　删除文章

可以删除已经发送的文章，删除后订阅用户将无法访问此文章。但该操作只能删除历史消息中的文章内容，不能删除已经成功发送给用户的消息，即当用户通过已经发送到微信上的消息打开文章时，会看到文章已经被删除的提醒。下面为主要的操作步骤：

（1）和3.1.7节的第（1）步相同。

（2）选中想要删除的文章,点击右侧的删除图标。

（3）点击删除后,文章标题将会有条线（见图3-1-28）。

已群发消息

10:46
已删除·

广州番禺职业技术学院首个海外分院正式落地巴基斯坦

👁1 ❀0

图3-1-28 被删除的消息

（4）用户在微信上点击该条消息,系统将会返回图3-1-29所示的提示。

该内容已被发布者删除

图3-1-29 文章被删除后通过消息打开看到的提示

3.1.9 图文消息排版

制作公众号的
三款实用工具

好的排版能够让公众号内容锦上添花,除了使用微信公众平台的编辑器进行编辑之外,还可以使用第三方工具来进行编辑,使得图文消息的排版更加整齐、美观。微信公众号的排版通常会涉及封面图、开头的关注、文章配图、文字排版、底部二维码等方面。还可以将有着自己风格的图文消息排版样式保存为图文模板,一方面方便使用,另一方面使同一公众号所发的图文消息保持类似的风格。下面来介绍各部分的排版技巧。

1. 封面图的设计

用户查看公众号信息,包括转发信息和朋友圈发布的信息,第一眼看到的通常是标题和封面图。因此好的封面图以及有吸引力的标题将能够吸引更多的点击量。

制作封面图

微信公众号图片宽、高尺寸的比例有 2.35：1 和 1：1（见图 3-1-30）,其中 2.35：1 是在公众号图文信息列表中看到的图片比例,1：1 为转发图文或者朋友圈中所看到的图片比例。采用不同的图文消息发送方法,订阅号消息列表中将会看到 2.35：1 或者 1：1 的图片比例。图片比例为 2.35：1 时会呈现较好的视觉效果,适应不同屏幕大小的手机。

选择图片

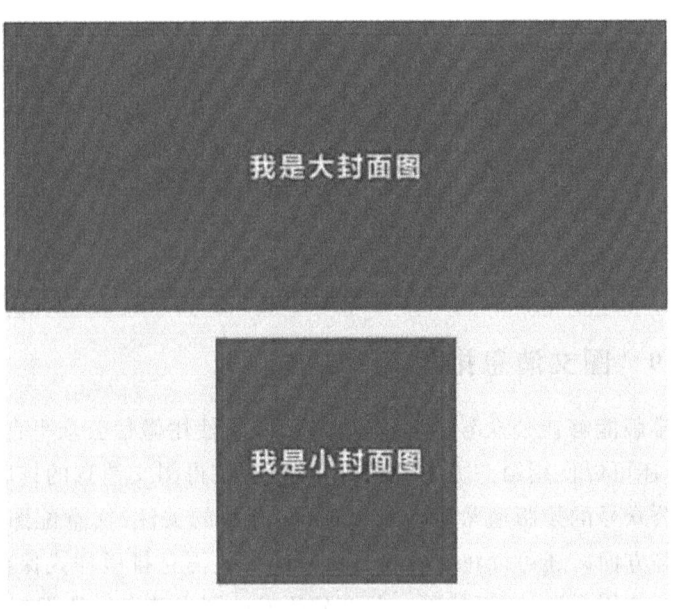

图 3-1-30　封面图比例

为了方便截取上述两种比例的封面,可以把 2.35∶1 的大图和 1∶1 的小图分开做到一张大图上,然后上传大图分别进行截取(见图 3-1-31)。

为公众号创建头像　　　　　图 3-1-31　一张大图包括两种比例的封面图片

微信公众号图片的像素大小建议为 900×383。非美工专业的公众号维护人员,可以使用创客贴、稿定设计、设计坞等网站来制作封面图,这些网站专门为用户设置好了微信公众号文章封面图片尺寸,并且提供了大量现成的图片模板。用户无须进行尺寸调整就可拿来使用,修改模板上的文字信息即可。

2. 文章配图

在正文内容中采用图文并茂的方式,会让文章内容更为丰富。文章图片的来源既可以是发布者拍摄采集到的相片,也可以从图片网站上下载。一些网站,例如 Pexels,为用户提供各种免费可直接商用的素材照片,能够避免后期版权方面的麻烦。还可以使用美图秀秀等软件来对图片做进一步的加工。

3. 文字排版

可利用现成的第三方编辑器进行专业排版,快速做出美观的排版效果。对于 135 编辑器、速排小蚂蚁编辑器、秀米编辑器、秒书编辑器、壹伴编辑器、新媒体管家等第三方编辑器,可以套用它们的模板来编写图文信息,并直接同步到微信公众号。

**135 编辑器
简要介绍**

(1)字体的颜色:纯黑色会与背景白色形成较为强烈的对比,显得有些刺眼,而灰色则相对会柔和一些。整篇文章不建议采取过多字体颜色,建议对需要突出强调的内容加粗或者专门使用一种颜色,其他部分用灰色(例如十六进制数值♯3f3f3f、♯7f7f7f、♯595959 等颜色)。用户如果看到其他应用的颜色比较好,也想使用同样的颜色,可以通过 QQ 的截图工具来获取,同时按住 Ctrl+Alt+A 三个键,进入截图状态,然后将鼠标移动到想要借鉴的颜色处,按下 Ctrl 键即可看到该颜色的十六进制数值。

**使用 135 编辑器常规
发布图文消息**

(2)字体的大小:默认的字体大小为 17 px。用户也可以在编辑器中选择其他大小的字体,例如 14 px、15 px 或者 16 px。

(3)行距:正文行距选择 1.5 或者 1.75,能让阅读者看起来更舒服。

**使用 135 编辑器模板
发布图文消息**

4. 底部二维码

跟封面图一样,上面提到的创客贴、稿定设计、设计坞等网站可以帮助用户快速定制自己的二维码,方法是在网站提供的模板基础上换成自己的二维码,修改模板中的文字。

5. 图文模板

在公众平台左侧导航栏上点击"管理"→"素材管理",会看到系统已提供了一个默认模板。点击"新建图文模板"按钮,就可以定制自己的模板(见图 3-1-32)。同样可以使用上面提到的排版软件进行辅助设计。可以根据需要定制多个模板。当用户在新建图文信息时,可以点击"模板",将预先设置好的模板插入正文,然后在模板的基础上编写图文信息。

图 3-1-32　定制图文模板

3.2 功能

3.2.1 自动回复

消息回复

公众平台左侧导航栏中的自动回复功能用于当公众号收到用户发送的信息后,自动回复相应的信息。自动回复分关键词回复、收到消息回复和被关注回复。如果具备开发能力,还可以实现较为强大的自动回复功能。

(1)关键词回复。根据用户输入的关键词,进行相应的回复(见图 3-2-1)。点击"添加回复",可以添加关键词与自动回复内容的关联。可以在本界面添加多条关键词与自动回复内容的关联。

图 3-2-1 关键词回复内容的设置

每个关键词可以添加多条回复内容,然后选择是"回复全部"还是"随机回复一条"(见图 3-2-2)。关键词有"半匹配""全匹配"。其中"半匹配"表示只要用户在公众号中发送的内容包含所设置的完整关键词,就会触发关键词的回复给对方。例如若设置关键词为"统计",用户输入"统计信息"也会触发,但若输入不完整的关键词"促"则不会触发关键词回复。"全匹配"表示用户发送的内容与设置的关键词必须完全一样,不能多一个字符也不能少一个字符,才会触发关键词回复。例如设置的关键词为"统计",用户只有输入"统计"才会触发关键词回复。

(2)收到信息回复。这种类型的回复用于发送通用信息,例如提示用户输入哪些关键字(见图 3-2-3)。

(3)被关注回复。被关注回复的消息内容一样可以为文字、图片、语音和视频(见图 3-2-4),填写好相关信息后,用户关注公众号时,将自动显示相关信息。

自动回复

通过编辑内容或关键词规则，快速进行自动回复设置。如具备开发能力，可更灵活地使用该功能。查看详情
关闭自动回复之后，将立即对所有用户生效。

规则名称　　教育部文献统计网址

规则名最多60个字

关键词　　半匹配　　▼　统计　　　　　　　　　　　　　　　　　＋

回复内容　　教育部文献，有权威的教育文件、统计信息 http://www.moe.gov.cn/jyb_sjzl/

＋

回复方式　　○回复全部　◉随机回复一条

保存　　　　取消

图 3-2-2　自动回复规则设置

𝕋 文字　　🖼 图片　　◍ 语音　　☐ 视频

输入关键字：
1."统计"，会回复教育部关于统计信息的网址
2."高职核心"，会回复2017版北大中文核心的职业技术教育期刊
3."高校核心"，会回复2017版北大中文核心的高等教育期刊

需要和平台进行交流，请发送邮件：32959247@qq.com，谢谢！

☺　　　　　　　　　　　　　　　　　　　还可以输入 474 字，按下Enter键换行

保存　　删除回复

图 3-2-3　收到信息回复内容的设置

自动回复

通过编辑内容或关键词规则，快速进行自动回复设置。如具备开发能力，可更灵活地使用该功能。查看详情
关闭自动回复之后，将立即对所有用户生效。

𝕋 文字　　🖼 图片　　◍ 语音　　☐ 视频

欢迎新朋友的到来，本公众号致力于高职的教改研究、最新发展动态，特别是国内外的先进教改理念、经验。本公众号正在逐步完善中，请多提
意见。

☺　　　　　　　　　　　　　　　　　　　还可以输入 534 字，按下Enter键换行

保存　　删除回复

图 3-2-4　被关注回复内容的设置

3.2.2　自定义菜单

自定义菜单功能在公众平台底部提供菜单，每个菜单又可以有子菜单，这样可以分类组织公众平台的对外服务，扩大公众平台的交互功能（见图3-2-5）。在菜单项上设置响应动作，用户点击菜单或者子菜单将有相应的处理，例如发送消息、跳转网页或跳转小程序；点击"添加菜单"按钮，进入菜单编辑界面（见图3-2-6）。

自定义菜单

图 3-2-5　首次添加菜单

图 3-2-6　菜单编辑界面

在菜单编辑器的左侧，可以看到两个加号和一个"菜单名称"。其中点击右侧加号可以增加新的一级菜单，点击上面的加号可以增加新的子菜单，"菜单名称"表示当前进行编辑的菜单内容。显示在底部可以直接看到的菜单称为一级菜单,一级菜单名称不多于 4 个汉字或 8 个字母;每个一级菜单最多可以创建 5 个子菜单,子菜单名称不多于 8 个汉字或 16 个字母。对于子菜单或者没有子菜单的一级菜单,需要定义菜单内容,否则保存不了。注意:创建与修改自定义菜单,需要点击"保存并发布",24 小时之内会生效。

在菜单编辑器的右侧,提供的菜单内容有发送消息、跳转网页和跳转小程序。发送消息的方法已经在 3.1 节介绍过,本节以跳转网页为例子进行介绍。选择"跳转网页",有两个选择——"页面地址"和"从公众号图文消息中选择"(见图 3-2-7)。其中,"页面地址"可输入外部的网页地址,但需要通过认证之后才可以输入。注意:账号主体若为个人,无法开通微信认证。

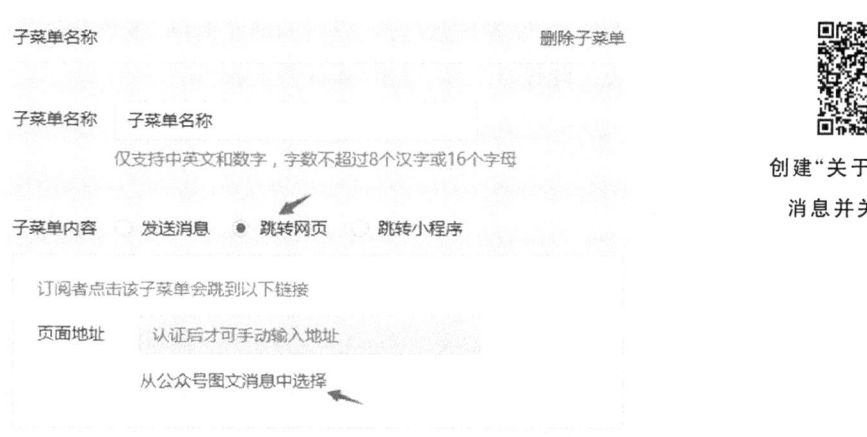

创建"关于我们"图文
消息并关联菜单

图 3-2-7　跳转网页

点击"从公众号图文消息中选择",可以选择公众号已有的图文消息,例如已发送的图文消息、素材库、历史消息和页面模板(见图 3-2-8)。选择"历史信息",勾选"跳转到历史消息列表",将显示所有公众号的历史消息列表。

图 3-2-8　选择图文消息

3.2.3　投票管理

投票管理功能为使用公众号收集订阅用户的意见。创建投票的主要步骤如下：

（1）点击"新建投票"（见图 3-2-9）。

图 3-2-9　新建投票

（2）设置投票内容（见图 3-2-10）。设置投票名称、投票的截止时间、投票问题。其中每个投票问题可以设置为单选或者多选。设置好之后，点击"保存并发布"。

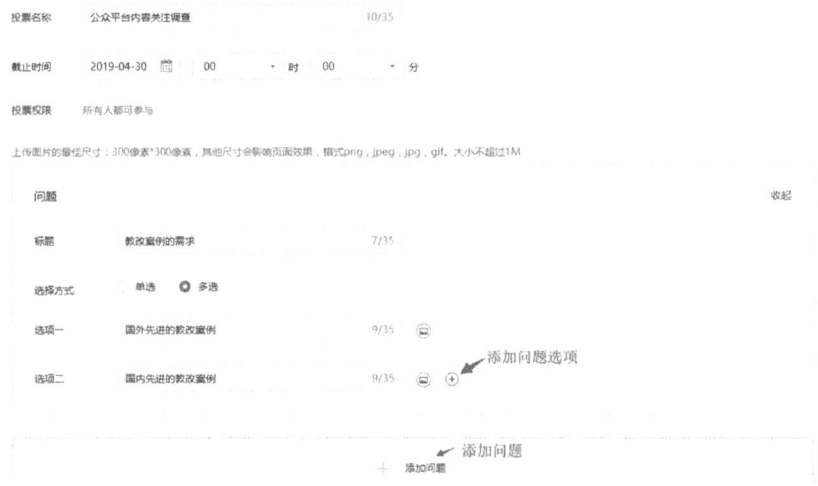

图 3-2-10　投票设置

（3）点击"详情"，可以查看投票结果（见图 3-2-11）。

图 3-2-11　查看投票结果

（4）投票设置好后，必须插入图文消息中发布才能生效。按照 3.1.1 节的发送图文消息步骤，新建一个图文消息，在图文消息编辑框中点击投票（见图 3-2-12），可以看到前面已经建好的投票（见图 3-2-13）。

（5）投票建好之后，订阅用户的手机端显示如图 3-2-14 所示。

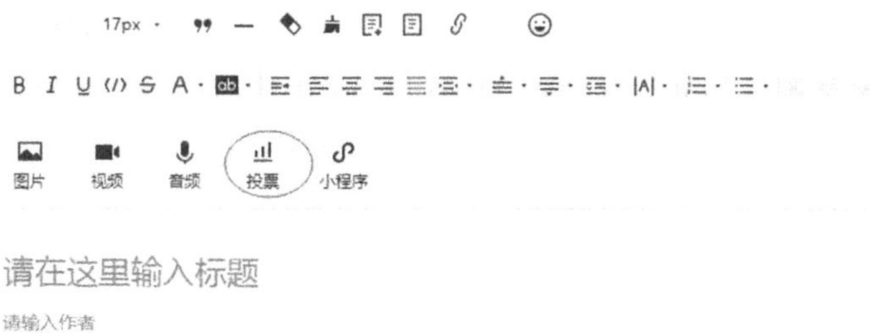

17px · 〞 — ◆ 🗄 📑 📄 �| ☺

B I U ⟨/⟩ S A · ab · ⊟ 三 三 ☰ 亖 ⊞ · 亖 · ⊨ · I\ · ⊟ · ☰

🖼 📹 🎤 (📊) ♫
图片 视频 音频 投票 小程序

请在这里输入标题

请输入作者

图 3-2-12　在图文消息编辑框中选择"投票"

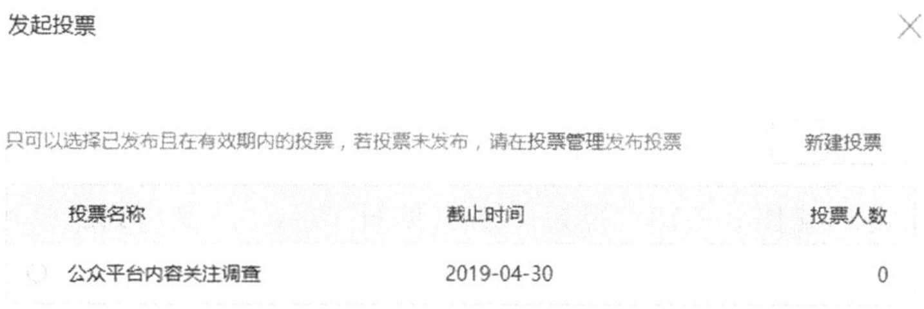

发起投票　　　　　　　　　　　　　　　　　　　　　　　×

只可以选择已发布且在有效期内的投票，若投票未发布，请在投票管理发布投票　　新建投票

投票名称	截止时间	投票人数
⟳ 公众平台内容关注调查	2019-04-30	0

图 3-2-13　已经设置好的投票

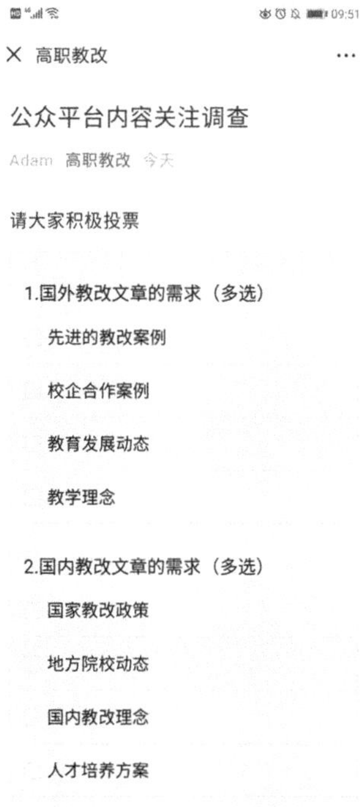

📶 .ıl 🔋 　　　　　　　　　⊗ ⏱ ✕ 09:51

✕ 高职教改　　　　　　　　　　…

公众平台内容关注调查

Adam　高职教改　今天

请大家积极投票

1.国外教改文章的需求（多选）

先进的教改案例

校企合作案例

教育发展动态

教学理念

2.国内教改文章的需求（多选）

国家教改政策

地方院校动态

国内教改理念

人才培养方案

图 3-2-14　用户手机端在微信公众号上看到的投票示例

3.2.4 页面模板

页面模板可以用于归纳已经发表的特定主题的文章,这样方便公众平台的订阅者进行阅读查看。可以根据需要添加多个页面模板,每个页面模板最多可以添加 30 条内容。下面为添加页面模板的主要步骤:

(1)点击"添加模板"(见图 3-2-15)。

图 3-2-15 添加模板

(2)选择页面模板。系统提供四种页面模板,分别是列表模板(见图 3-2-16)、综合模板(见图 3-2-17)、视频模板 1(见图 3-2-18)、视频模板 2(见图 3-2-19)。其中列表模板以列表形式显示内容的标题与封面,可以添加 30 条内容;综合模板顶部最多有 3 条内容,中间位置可以有 2 个分类,每个分类最多可以有 30 条内容;视频模板 1 中视频可在当前模板播放,视频模板 2 的视频需在详情页才可播放。

图 3-2-16　列表模板　　　　　图 3-2-17　综合模板

图 3-2-18　视频模板 1　　　　　图 3-2-19　视频模板 2

（3）在页面模板的编辑界面输入页面名称，并在内容列表中点击"添加"（见图 3-2-20），选择已经存在的内容，最后点击"发布"按钮。注意，这里的发布只相当于保存页面模板的配置。如果该页面模板是新的页面模板，则需要和自定义菜单关联才能生效。如果该页面模板是之前已经创建的，并已经和自定义菜单关联，则修改后的页面模板会自动生效。

图 3-2-20　页面模板编辑界面

（4）按照 3.2.2 节介绍的自定义菜单技术在菜单中添加页面模板与菜单的关联，这样点击菜单就可以显示页面模板中的内容。

3.2.5　赞赏功能

原创文章选择赞赏账户才可以开启赞赏功能，款项由赞赏账户收取。下面介绍如何创建个人赞赏账户：

（1）以同一作者名发表3篇以上的原创文章。在微信公众平台上，以同一个作者名每发布3篇原创文章，就可以获取一个邀请开通赞赏账户的名额。同一个公众号只有3个邀请开通赞赏账户的名额。

（2）发送邀请。当公众号有邀请资格的时候，点击"赞赏功能"→"赞赏账户"→"点击邀请"。只有满足步骤（1）中的条件时，才有邀请资格，否则找不到邀请链接。

（3）填写邀请作者微信号。根据系统提示填写邀请开通赞赏功能的作者的微信号，填写完之后点击"确认"，创建赞赏账户的邀请就被发送到该微信号，可以在后台看到状态显示"邀请中"。

（4）打开微信点击邀请消息。被邀请开通赞赏账户的用户打开微信，在服务通知中会收到邀请通知，通知的内容为："公众号邀请你创建赞赏账户"（见图3-2-21）；点击进入赞赏账户小程序。注意：同一个赞赏账户可以在多个公众号上使用，进行收款。

 微信公众平台

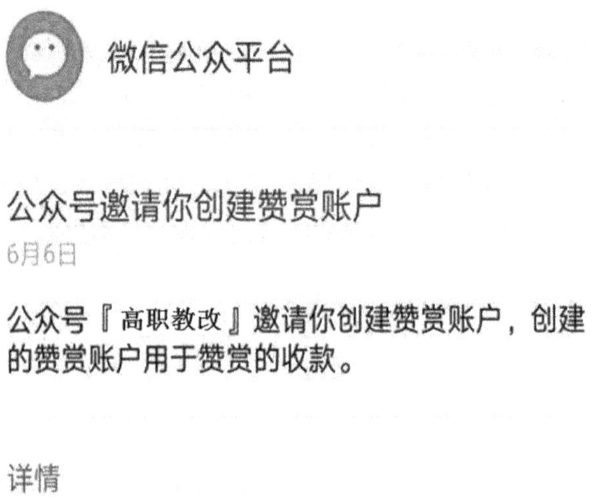

公众号邀请你创建赞赏账户

6月6日

公众号『高职教改』邀请你创建赞赏账户，创建的赞赏账户用于赞赏的收款。

详情

图3-2-21　赞赏账户邀请信息

（5）点击"开始创建"。进入邀请页面看到"赞赏账户"的介绍，点击"开始创建"按钮，接下来就需要补充个人赞赏账户信息，例如头像、名称、性别、地区、简介等。其中头像选择的图片可以反映作者的个性、喜好或者特征，以便给读者留下印象；名称为昵称，好的昵称能让读者易于记住作者。作者的名称是唯一的，不能更改。目前微信对一些知名作者的名字进行了保护，防止滥用。简介简要介绍作者情况，便于读者更好地了解作者。

（6）实名验证。为了保障赞赏款项正常到账，需要填写并提交与微信绑定的银行卡一致的姓名和身份证实名信息，用于验证是否为本人账户。注意：实名信息仅用于验证，不会展示给公众号和读者。

（7）提示创建结果。在实名验证通过之后，系统会提示已创建好赞赏账户，并显示个人赞赏账户的名称和部分实名信息，用户点击"完成"即可。

在创建好个人赞赏账户之后，就可以在原创文章中设置赞赏了。下面是对原创文章设置赞赏的主要步骤：

(1)在编辑好原创文章之后,点击文章底部的"声明原创"(见图3-2-22)。

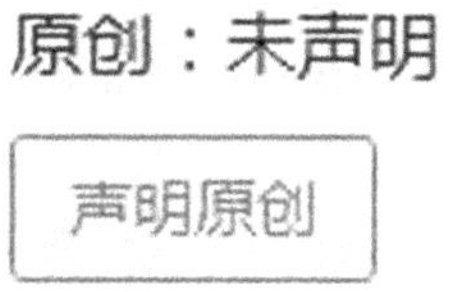

图3-2-22　声明原创

(2)点击开启"赞赏"按钮,开启后按钮显示为绿色,输入作者名字,选择文章类别,添加文章白名单(可选)(见图3-2-23),然后点击"确定",最后发布文章。

赞赏	
作者	请输入作者　　　　　　　　　　0/8
文章类别	请选择　　　　▼
文章白名单 ?	添加

图3-2-23　开通原创文章的赞赏功能

读者打开原创文章,滑动到文章底部,就可以看到"喜欢作者"按键,点击"喜欢作者"就会进入打赏页面。如图3-2-24所示,该篇原创文章有7个人进行了打赏。

理工男憨爸

7 人喜欢

图3-2-24　原创文章底部的打赏界面

3.2.6　原创管理

原创管理用于对原创文章和长期转载账号进行管理(见图3-2-25)。其中在原创文章管理中,可以查看原创文章的发表时间、被转载/引用的次数,并可以对原创文章进行操作;长期转载账号管理的作用是通过添加转载账号,授予指定公众号对该篇文章具有可修改或不显示转载来源的转载权限。

图 3-2-25　原创管理

3.2.7　留言功能

截止于本书出版，为了响应主管部门的要求，微信公众平台当前新注册的用户没有留言功能，而 2018 年之前开通留言功能的微信公众平台用户仍然可以继续使用留言功能。留言功能可以提高微信公众平台用户与读者的交互性，平台管理员可以密切留意微信公众平台留言功能的开放规则。

3.2.8　添加功能插件

添加功能插件用于为微信公众平台添加其他的功能插件，丰富公众号的能力和体验（见图 3-2-26）。微信公众平台已经默认添加了自定义菜单、自动回复、原创管理、赞赏功能、页面模板、投票管理等功能。

图 3-2-26　微信公众平台功能

微信小店、客服功能、卡券功能、门店小程序、微信连 Wi-Fi、摇一摇周边、电子发票等功能则需要满足一定的条件才能够添加。表 3-2-1 所示为这些功能的介绍，以及申请条件说明。

表 3-2-1　功能插件的介绍

功　能　名	功　能　作　用	开　通　条　件
微信小店	微信小店是在微信支付能力的基础上,支持商家进行添加商品、商品管理、订单管理、货架管理、维权仲裁等操作的功能。有开发能力的商家可以通过接口批量操作,快速开店	开通微信支付
客服功能	在公众号中使用客服功能,在线回复用户询问。支持多人同时为一个公众号提供客服服务。开通后,需在功能中进行相应的设置	开通微信认证
卡券功能	提供给商户或第三方的一套派发优惠券、经营、管理会员的工具,可在公众平台或通过接口创建卡券,多种渠道投放给用户,用户用券时需核销卡券,核销后可查看数据、进行对账。主要能力包括:朋友共享的优惠券、普通优惠券、会员卡、微信买单、储值功能	开通微信认证
门店小程序	向商户提供对其线下实体门店相关功能的管理能力,要求提交真实的门店信息数据。商户可在门店小程序插件内管理自己的门店信息,并将门店信息使用到附近的小程序、卡券、公众号、摇周边、微信 Wi-Fi 等业务	主体为企业、媒体、政府和其他组织的公众号
微信连 Wi-Fi	为商户的线下场所提供一套完整和便捷的微信连 Wi-Fi 的方案,开通后,门店主要可获取以下能力: 1.轻量的联网流程:多种方式快速连接 Wi-Fi,带来全新联网体验。 2.线下顾客沉淀:关注商家公众号,零成本获得线下顾客粉丝。 3.现场服务入口:微信顶部直达入口,商家现场服务唾手可得	需要有线下经营场所,并且拥有至少一台 Wi-Fi 上网设备
摇一摇周边	微信提供的一种新的基于位置的连接方式。用户通过"摇一摇"的"周边"页卡,可以与线下商户进行互动,获得商户提供的个性化的服务	开通微信认证,并需要在门店自主铺设支持 iBeacon 协议的蓝牙硬件,并在商户后台设置硬件和对应服务的关联
电子发票	提供给商户或第三方的一套电子发票技术解决方案。商户和第三方选择第三方开票方提供的电子发票套餐,并根据套餐权限在其微信公众账号中申请、开具、接收、管理电子发票	开通微信认证

3.3 微信搜一搜

微信搜一搜可以开通自定义模板或者品牌官方区功能，以丰富在微信搜一搜内的展示结果（见图 3-3-1）。

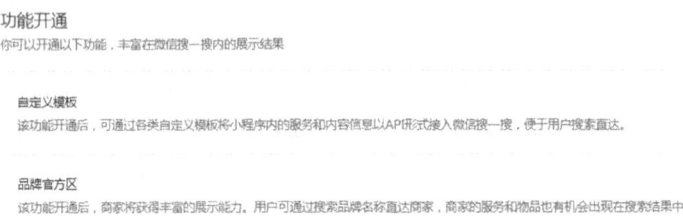

图 3-3-1 开通微信搜一搜功能

自定义模板功能开通后，开发者可通过各类自定义模板将小程序内的服务和内容信息以 API 形式接入微信搜一搜，便于用户搜索直达，因此前提是公众号已经关联了小程序。

品牌官方区功能开通后，商家将获得丰富的展示能力。用户可通过搜索品牌名称直达商家，商家的服务和物品也有机会出现在搜索结果中。开通条件为公众号已获得微信认证，并且公众号已关联小程序。图 3-3-2、图 3-3-3 分别为肯德基、招商银行信用卡的品牌官方区开通后效果示例。

图 3-3-2 肯德基品牌官方区   **图 3-3-3 招商银行信用卡品牌官方区**

此外,还可以定制搜一搜素材,方便对外进行推广。输入搜索框文案,点击"下载素材",即可下载相应素材包(含 pdf、sketch、ai、psd 多种格式),用于宣传物的制作(见图 3-3-4)。

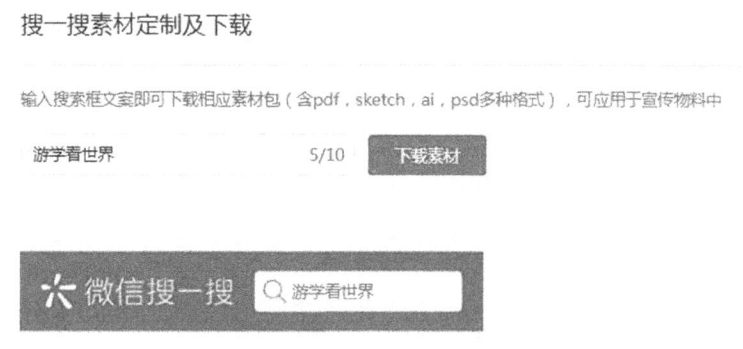

图 3-3-4　搜一搜素材定制及下载

3.4 管理

3.4.1　消息管理

消息管理用于管理用户与微信公众平台的消息互动。当用户在微信公众平台输入信息,平台的自动回复、关键词回复都回复不了时,用户所输入的信息将会出现在消息管理中。微信公众平台的管理员将可以查看这些信息,并进行回复。注意:用户发送的消息只保存 5 天,多媒体消息保存 3 天,超过之后将无法查看。

消息管理

下面为一个消息管理示例:

(1)在微信号上,向微信公众平台输入"互动"。

(2)然后以管理员身份登录微信公众平台,点击左侧导航栏"管理"→"消息管理",将看到 Lucky Adam 用户发送过来的内容"互动",管理员点击右侧的箭头图标,可以打开回复输入框,在回复输入框中输入内容之后,点击"发送(Enter)"按钮进行回复(见图 3-4-1)。

图 3-4-1　消息管理

（3）图 3-4-2 所示为 Lucky Adam 用户在微信中所看到的信息，其中第一条信息是微信公众号的自动回复，第二条信息是微信公众号管理员的人工回复。

图 3-4-2　消息回复

如果微信公众平台的管理员想保留消息的时间更长，可以点击每条消息右侧的五角星图标，进行消息收藏。如果收藏成功，则五角星图标为红色；如果想取消收藏，再次点击五角星图标，则变为灰色。收藏的消息将出现在"已收藏的消息"页面中（见图 3-4-3）。

图 3-4-3　已收藏的消息

还可以根据管理的需要，隐藏关键词消息和屏蔽骚扰消息。实现方法是勾选对应的选项，相应的消息将不会再出现在消息管理中。如果不想收到某个特定读者发送的消息，可以将鼠标移到该读者的头像上，显示该粉丝的详情，点击"加入黑名单"（见图 3-4-4）。

图 3-4-4　将特定订阅用户加入黑名单

3.4.2　用户管理

用户管理主要管理关注微信公众号的用户,对他们进行分类标记,或者加入黑名单等(见图3-4-5)。

图 3-4-5　用户管理界面　　　　　　　　　用户管理

标签可以理解为分类分组。下面演示如何添加标签,以实现分类管理。其中星标用户是系统默认已经创建好的标签,表示更重要的用户。

(1)点击按钮"新建标签",弹出标签名称输入框,输入标签名(见图3-4-6)。

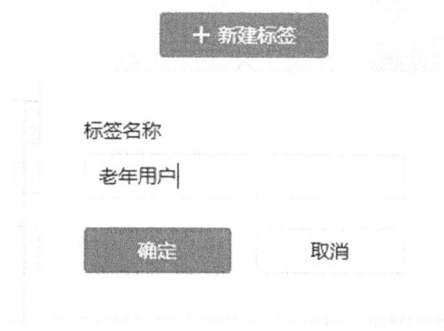

图 3-4-6　新建用户组标签

(2)选中需要添加标签的用户(可以多选),然后点击"打标签"按钮(见图3-4-7)。

图 3-4-7　为用户添加标签

(3)在弹出的标签选项中选择"老年用户"标签,然后点击"确定"(见图3-4-8)。

(4)图3-4-9所示为对用户添加标签的结果示例。

图 3-4-8 选择标签

图 3-4-9 添加标签后的效果

与消息管理中将用户加入黑名单的方法一样，可以将用户列表中的用户加入黑名单。用户若被加入黑名单，则微信公众号不会再收到该用户的消息，且用户无法接收公众号发出的消息，无法参与留言和赞赏。管理员可以在黑名单页面中将某用户从黑名单中移除，恢复其正常访问公众号的权限。

3.4.3 素材管理

素材管理主要用于对公众号文章素材的管理，特别是公共资源素材。主要分为图文消息、图片、语音、视频四部分素材的管理。这些素材在 3.1 节中发布图文消息时被使用。下面分别进行描述：

(1)图文消息：管理图文消息，包括已经发布的图文消息和只是保存并未发布的图文消息，可以进行新建、修改和删除。主要有两个用途：

● 可以在这个地方预先编辑保存多个图文消息，然后在合适的时间发布。

● 可以对已经发布的图文消息进行修改，并再次发布。

(2)图片：可以上传图文消息中所需要的图片素材作为公用部分，例如封面。要求每张图片不能够超出 5 MB，默认已经开启了图片水印。图片水印是指在图片的右下角贴上微信图标和公众号的名字(见图 3-4-10)。在左侧导航栏点击"设置"→"公众号设置"→"功能设置"可修改图片水印(见图 3-4-11)。

为图片设置或者
取消水印

图 3-4-10　图片水印　　　　图 3-4-11　设置图片水印

可以对图片进行分组,方便组织管理,下面介绍主要步骤:

● 点击"新建分组"按钮,输入分组名称(见图 3-4-12)。

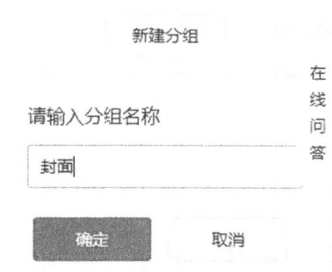

图 3-4-12　新建分组

● 创建分组后,将在导航部分出现刚刚所创建的"封面"标签(见图 3-4-13)。

图 3-4-13　分组导航 1

● 选中需要分组的图片,点击图片右侧"…"图标,点击"移动分组"(见图 3-4-14),在弹出的分组选项中选中需要的分组,点击"确定"(见图 3-4-15)。

图 3-4-14　移动分组　　　　图 3-4-15　选择图片所在分组

● 图片在移动分组成功之后,分组标签见图 3-4-16。

分组　　全部图片(3)　　未分组(1)　　文章配图(1)　　封面(1)

图 3-4-16　分组导航 2

(3)语音:对公众平台语音素材进行管理,例如下载、添加、修改和删除。点击"添加"按钮,添加语音,在图 3-4-17 所示的界面中输入语音素材基本信息之后,点击"保存"。

图 3-4-17　添加语音素材

(4)视频:对公众平台视频素材进行管理,例如下载、添加、修改和删除。点击"添加"按钮,添加视频,在图 3-4-18 所示的界面中输入视频信息之后,点击"保存",系统会自动对视频进行转码以及审核。需要注意的是,视频的时长不能超过 30 分钟,封面可以选择系统自动从视频中抽取的图像,也可以从图片素材中选取。

图 3-4-18　添加视频素材

3.5 推广

3.5.1 广告主

广告主是指有投放广告需要的商家。可以将商家的业务信息通过微信公众平台进行投放，例如推广品牌、推广商品、推广应用、派发优惠券、推广公众号、收集销售线索、推广小游戏等。广告可以在朋友圈、公众号和小程序等三种流量场景中展示，具体说明如下：

（1）朋友圈广告：微信朋友圈广告是基于微信生态体系，以类似朋友的原创内容形式在用户朋友圈进行展示的原生广告。广告样式包括常规广告（投一条广告，就像发一条朋友圈）、基础式卡片广告（将外层创意融汇到一张卡片中，更多广告版面吸引用户互动）、选择式卡片广告（一个广告，两套创意，用户按喜好主动选择，满足个性化表达需求）、全幅式卡片广告（采用更大的视觉尺寸，帮助讲述品牌故事）。朋友圈广告示例如图 3-5-1 所示。

图 3-5-1　朋友圈广告示例

（2）公众号广告：微信公众号广告是基于微信公众平台生态，以类似公众号文章内容的形式放在文章底部、文章中部，以互选广告、文章视频贴片的形式展示的广告内容，如图 3-5-2 所示。

（3）小程序广告：由小程序流量主自定义展现场景，根据小程序的特点，灵活设置展现页面与位置。小程序广告示例如图 3-5-3 所示。常见展现场景为：文章页—文章末尾、详情页—页面底部、信息流—信息流顶部或信息流之间。

广告主功能需要通过微信认证后才能申请开通。首先以管理员身份登录微信公众平台，点击左侧导航栏"推广"→"广告主"，然后点击"开通广告主"，勾选"我同意并遵守以上条款"之后

图 3-5-2　公众号广告示例

图 3-5-3　小程序广告示例

点击"下一步",选择公司的主营行业,按行业要求上传需要的证件,填入联系人姓名、电话,点击"提交审核",可以用微信扫描二维码,有审核结果时此微信号会第一时间收到审核通知。

广告主开通后要找微信服务商代理商来投放广告,一般每个城市都有此类的微信服务商代理商,联系投放即可。

3.5.2 流量主

流量主和3.5.1节的广告主是对应关系。流量主是公众号运营者,其在运营的公众号中接收广告投放,并从中获得广告收益。打个比方,广告主就像是在电视台打广告的厂家,流量主就是电视台。

流量主功能具有如下特点:

(1)简单开通,多种选择:简单操作,即可开通不同的变现能力,无须审核等待,即开即用。

(2)灵活配置,回报丰厚:新增返佣商品、原创转载收益等多种变现能力。

(3)审核严格,推荐精准:广告经过严格审核,可放心插入。根据读者兴趣推荐广告,提升收入。

(4)随时反馈,及时响应:可通过邮箱、论坛等渠道反馈意见,并有微信广告助手在线答疑。

(5)主动添加广告:流量主可在公众号图文编辑器页面—商品,寻找合适的商品进行推广。商品来源于3.5.3节的返佣商品。

点击微信公众平台左侧导航栏"推广"→"流量主",点击"开通流量主"按钮进行开通申请,如果公众号关注用户不足500人,则按钮为灰色,无法开通。主要步骤如下:

(1)同意协议:勾选流量主功能开通同意协议书。

(2)选择流量主标签:选择公众号的主要标签和辅助标签。标签的作用是帮助匹配投放合适的广告。精准的标签有助于提高文章广告的点击率,所以最好是根据个人微信号的类别进行设置。

(3)完善财务资料:填写广告提成收款账户的有关信息,包括账户类型、开户名称、开户人身份证号、开户银行、开户银行所在地、银行账号、银行卡正面扫描件、开户人身份证正面照。此外,还需要填写公众账号运营者的联系信息和用于接收每月收入结算单的邮箱。

(4)在微信公众号流量主开通审核通过之后,在流量主页面中就可以看到概览、数据报表、互选合作、财务管理、账户设置、公告消息等栏目,同时在微信公众号内容页面底下显示出一个广告,表明开通流量主成功了。

流量主可在"账户设置"中选择自由开启或关闭广告位,关闭1天后才能重新打开(见图3-5-4)。

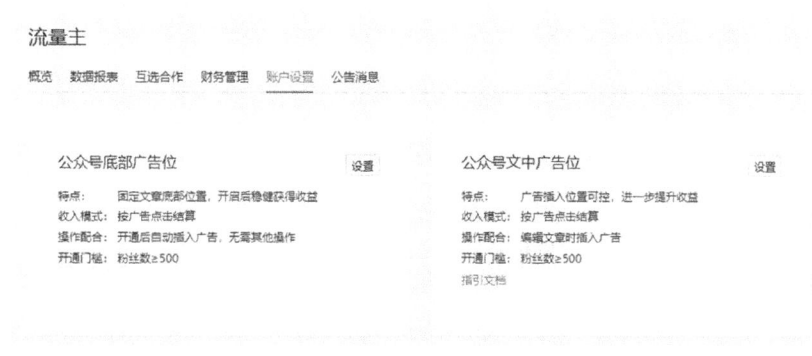

图 3-5-4   管理广告位

3.5.3 返佣商品推广

返佣商品推广主要面向拥有小程序,且需要推广小程序内所提供的商品、服务的广告主。开通返佣商品推广功能之后,商家商品可被流量主插入公众号文章进行推广,推广成功所产生的交易,将按照商家当时的佣金比例,相应扣除商家的推广资金。开通返佣商品推广功能,需要满足如下条件:

(1)主体为品牌商家或拥有品牌一级授权的商家,以及交易类的综合电商平台。广告主名称如涉及企业商标,需有商标注册证或商标授权证明。

(2)公众号需要开通广告主功能。

(3)需拥有绑定本广告主公众号的小程序,且该小程序已开通并使用微信支付,提供商品购买服务。

(4)小程序内所有的商品、服务需要有完整的客服、退货退款等售后流程。

(5)商家开通功能后,需完成推广资金充值、设置佣金比例、接口导入商品等步骤,才可开启商品推广。

点击微信公众平台左侧导航栏"推广"→"返佣商品推广",点击"开通"按钮进行开通申请(见图 3-5-5)。开通主要有两个步骤:

(1)开通广告主资质:如果未开通广告主,则要求按照返佣商品推广开放的广告主类目,申请开通广告主。如果已经开通广告主,但类目不符合返佣商品推广所开放的广告主类目,则需要自行评估是否修改广告主类目。

(2)提交商家、小程序等资质信息:从界面中选择商家主要经营的类目,选择推广的小程序,输入商家名称,上传商家头像以及上传售后和客服流程。

详细的返佣商品推广规则,可以查看微信公众平台的《微信公众平台返佣商品规则》。

返佣商品推广

开通

商家指引

申请条件

- 品牌商家或拥有品牌一级授权的商家,以及交易类的综合电商平台。广告主名称如涉及企业商标,需有商标注册证或商标授权证明。
- 通过 微信认证,且 开通广告主功能。广告主类目开放范围详见《微信公众平台返佣商品规则》
- 需拥有绑定本广告主公众号的小程序,且该小程序已开通并使用微信支付,提供商品购买服务。
- 小程序内所有的商品服务需要有完整的客服、退货退款等售后流程。

功能介绍

- 商家开通功能后,需完成推广资金充值,设置佣金比例,接口导入商品等步骤,即可开启商品推广。
- 开启推广后,商家商品可被流量主插入公众号文章进行推广。流量主可在公众号"图文编辑器页面-商品",寻找合适的商品进行推广。
- 推广所产生的交易,将按照商家当时的佣金比例,相应扣除商家的推广资金。
- 申请功能前,请务必仔细阅读《微信公众平台返佣商品规则》

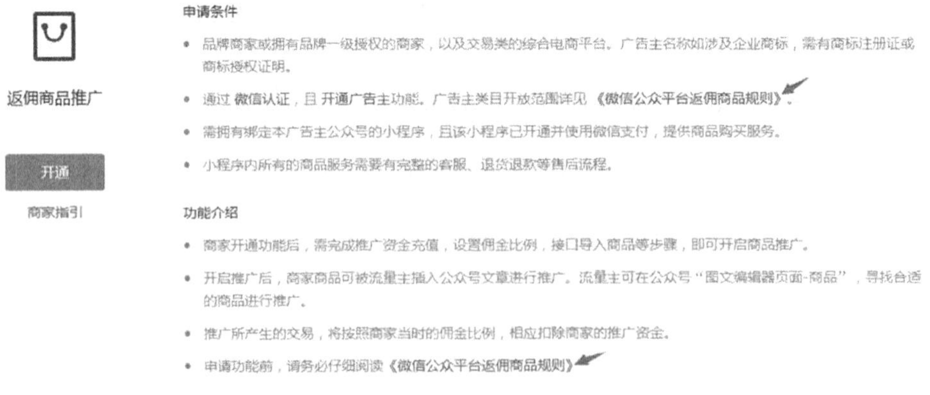

图 3-5-5　开通返佣商品推广

3.6 统计

3.6.1 用户分析

用户分析是微信公众平台提供的分析用户的工具,使用直观数字和图形展现用户的增长情况、用户属性以及常读用户分析(见图3-6-1)。

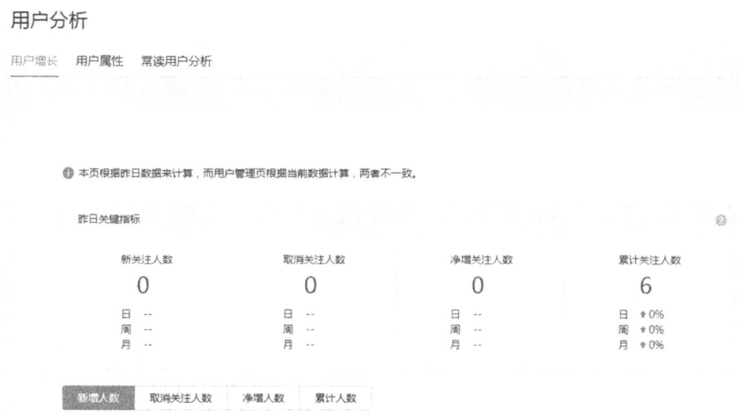

用户分析

用户增长　用户属性　常读用户分析

ⓘ 本页根据昨日数据来计算,而用户管理页根据当前数据计算,两者不一致。

昨日关键指标　　　　　　　　　　　　　　　　　　　　　　　　　　　　　ⓢ

新关注人数	取消关注人数	净增关注人数	累计关注人数
0	0	0	6
日 --	日 --	日 --	日 ↑0%
周 --	周 --	周 --	周 ↑0%
月 --	月 --	月 --	月 ↑0%

新增人数　取消关注人数　净增人数　累计人数

图 3-6-1 用户分析

统计功能

1.用户增长分析

(1)截至前一天的数据,以日、周、月为时间单位,统计新关注人数、取消关注人数、净增关注人数、累计关注人数。其中新关注人数能够较好反映公众号的发展情况,如果新关注人数比平时的数据有明显上升,说明公众号的推广有效果,或者近期的公众号文章得到粉丝的喜欢。

(2)可以用曲线图来显示不同时间段不同关注来源的新关注人数、取消关注人数和净增关注人数。关注来源包括搜一搜、扫描二维码、图文页右上角菜单、图文页内公众号名称、名片分享、支付后关注、其他合计。可以根据不同渠道的关注情况,有针对性地开展宣传活动。

(3)按具体日期范围,以列表方式列出每日新关注人数、取消关注人数、净增关注人数表格,并可以导出。

2.用户属性分析

(1)人口特征分析:以圆形统计分析关注人员的男女性别分布、年龄分布、所讲语言分布。每个公众号的男女比例与公众号所涉及行业的特性有关,据此可以对文章的风格进行有侧重性的调整。

(2)地域归属分析:以中国地图为载体分析关注人员所在省分布、地市分布。该数据可以非常清晰地告知公众号其在各个城市的受欢迎程度,依据此数据可以做一些关键的业务决策。比如:如果计划选择若干个城市做落地推广,应选粉丝基础好的城市。

(3)访问设备分析:以圆形统计分析关注人员的终端分布——Android终端访问的比例、

iPhone 终端访问的比例。同样的标题和封面在不同手机上显示的效果是不一样的。如果发现 iPhone 8 的用户最多,那么整个图文的排版、图片尺寸的选择、标题的长度应在 iPhone 8 上调整到最佳。这样可以保证大部分的用户(iPhone 8 用户)收到的图文是最适宜阅读的,从而提高用户体验。

3. 常读用户分析

对于经常访问该公众号的用户,统计每月常读用户指标,例如常读用户月净增、常读用户数和常读用户比例,并能够按照时间段以曲线图形式显示常读用户数的变化、常读用户与不常读用户的性别分布趋势、常读用户与不常读用户的年龄分布趋势、常读用户与不常读用户的城市分布趋势、常读用户与不常读用户的终端分布趋势。

3.6.2 内容分析

内容分析对公众号已经群发的文章的阅读数、分享转发数和微信收藏人数等进行统计,以便了解公众号文章的受欢迎程度,也从侧面反映了公众号的被访问情况。

1. 以整体的方式对全部群发文章进行统计

(1)截至前一天的数据,以日、周、月为时间单位,统计图文总阅读次数、原文阅读次数、分享转发次数、微信收藏人数。

(2)对于图文总阅读次数,可以选择以一段时间为单位,以圆形统计显示其不同阅读来源的次数。

(3)对于原文阅读次数、分享转发次数、微信收藏人数,可以选择以一段时间为单位,以趋势图的方式显示各个时间的次数趋势。

(4)通过统计分析不同阅读来源的阅读量,可以推测读者的阅读场景,知道他们是在哪个渠道看到文章的,方便对公众号做运营优化。目前公众号阅读来源包含如下渠道:

①公众号会话:文章在选定的时间内通过公众号推送、预览、手动回复来获得的阅读。

②好友转发:将文章转发给好友或者推送到群所获得的阅读。

③朋友圈:将文章转发至朋友圈后文章所获得的阅读。

④历史消息:用户在公众号历史消息中点击文章的阅读量统计。

⑤其他:按照微信官方的解释,"其他"阅读来源总结下来有以下几种:

a. 微信自定义菜单,包括引用图文素材、引用历史消息等。

b. 页面模板,原创开通后页面模板引用图文素材、引用历史消息等。

c. 微信搜索,在微信→发现→搜一搜里搜索到的"相关文章"。

d. 朋友圈热文,在微信→发现→看一看,被推荐到朋友圈的文章。

e. 关键词回复,关键词自动回复时引用图文素材。

f. 文章内部链接,阅读原文链接。

g. 微信收藏,阅读微信收藏内的文章。

(5)按照时间段显示每天的图文总阅读次数、公众号消息阅读次数、朋友圈阅读次数、分享转发次数、微信收藏人数,可以以 Excel 方式导出。

2. 对单篇文章进行分析

选择某个时间段,搜索出该时间段的每一篇文章,显示出文章的发表时间、送达人数、阅读人数、分享人数(见图 3-6-2)。阅读人数/送达人数反映了文章的打开率。

已群发内容

仅统计群发后7天内的数据。此处和微信客户端展示的阅读数的计算方法略有不同，数值可能不一样。2019/08/19后群发的内容为数据统计样式。

2018-09-04 至 2019-09-04

内容标题	时间	送达人数	阅读人数	分享人数	操作
联合国教科文组织正式发布国际人工智能与教育大会成果文件《北京共识——人工智能与教育》	2019-09-01	6	2	0	详情
高考生没带准考证 家长又将准考证送错考点	2019-06-08	4	2	0	详情
广州番禺职业技术学院首个海外分院正式落地巴基斯坦	2019-05-05	4	1	0	详情
广州番禺职业技术学院首个海外分院正式落地巴基斯坦	2019-05-03	4	3	0	详情

图 3-6-2　单篇群发文章分析示例

此外，对于公众号的视频数据，也有专门的统计，以帮助公众号运营者更好地了解公众号中视频总播放次数、总分享次数和完成播放次数，以及好友转发、朋友圈等各种渠道传播的数据趋势。

3.6.3　菜单分析

菜单分析主要统计微信公众号提供的各个菜单的使用率。

(1)截至前一天的数据，以日、周、月为时间单位，统计菜单点击次数、菜单点击人数、人均点击次数。

(2)选择一段时间，用图形显示菜单的点击次数、菜单点击人数、人均点击次数。

(3)按照时间段显示每天的菜单点击次数、菜单点击人数、人均点击次数，可以以 Excel 方式导出。

菜单栏是公众号提供服务的关键入口，通过菜单栏的点击率，可以了解用户关心什么、在乎什么，并做出对应的调整规划。

建议在设置菜单栏的时候，将子菜单的内容同级分类，这样便于我们了解哪一个品类的产品更受用户欢迎。通过产品分类，来调查用户最感兴趣的是什么，从而更好地进行内容运营，产出用户感兴趣的内容。

3.6.4　消息分析

消息分析主要统计用户向微信公众号发送消息的情况，分消息分析和消息关键词分析。

1. 消息分析

消息分析在统计粒度上分小时报、日报、周报、月报。以小时报为例，作用如下：

(1)可以选择某一天，显示该天内各个小时消息发送人数、消息发送次数、人均发送次数的趋势图。

(2)使用分布图来显示消息发送次数、消息发送人次、占比。

(3)列表显示每一个小时的消息发送次数、消息发送人数和人均发送次数的详细数据，可以导出 Excel。

对于日报、周报、月报，与小时报功能类似，只是统计的时间不一样。

2.消息关键词分析

消息关键词指的是在用户回复的消息中出现的频率较高的词语,比如说排第一的就是大家最近一个月回复最多的关键词,有利于我们分析。出于性能考虑,在每日数据中滤除了出现次数小于 2 次的关键词。可以按照时间段显示全部的消息关键词,也可以按照自定义关键词和非自定义关键词来进行筛选显示。公众号通常在文章中添加一些关键词,指引用户在后台进行回复。关键词回复分析有助于得出用户与平台互动的频率、文章的回复率,对分析文章有很大的帮助。除此之外,通过关键词分析,可以找出用户的主要疑惑点,主动在公众号上列出常见问题回答,以提高客服的工作效率。

3.6.5 接口分析

微信公众平台向开发人员提供了多种接口,分为基础接口和高级接口,以便于更好地开发基于微信公众平台的第三方应用功能。其中基础接口用于接收用户消息、发送被动响应消息和接收事件推送消息;高级接口用于语音识别、客服、OAuth 2.0 网页授权、生成带参数二维码、获取用户地理位置、获取用户基本信息、获取关注者列表、用户分组、上传下载多媒体文件。目前,接口分析统计了基础消息接口的使用情况,暂未统计高级接口。

接口分析主要是统计基础消息接口的调用次数、失败率、平均耗时(毫秒)、最大耗时(毫秒)。统计的时间单位包括日、周、月的具体数值,以及 7 日、14 日、30 日、自定义时间段的趋势图。

3.6.6 网页分析

网页分析页面由页面访问量和 JSSDK 调用统计两部分的数据组成。

页面访问量的折线图部分可以显示页面每天的访问量(见图 3-6-3)。页面访问量下面包含了所有后台接口的名称,点击相应的名称可以看到每个接口每天被调用的数据。页面访问量方便拥有后台接口来源的公众号及时查看每个接口被调用的数据。开发者也可以根据这些数据对细节做进一步的优化,例如某个接口的调用量较高,就可以在该接口对文章标题、图片等进行优化,提高用户体验与曝光度。

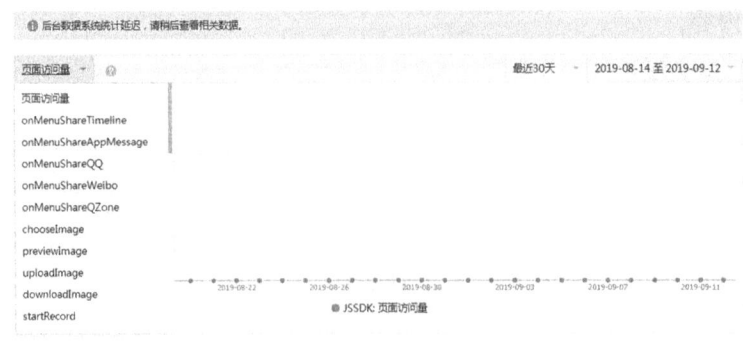

图 3-6-3　页面访问量

JSSDK 调用统计将每天每个接口调用的次数和人数清晰明了地展现出来,点击接口后面的"详情"可以看到具体的页面明细。

3.7 设置

3.7.1 公众号设置

进行公众号设置有两种方法:点击微信公众平台右上角的"订阅号"(见图 3-7-1)进行设置,也可以点击左侧导航栏"设置"→"公众号设置"。主要是设置公众号的账号信息、功能和授权管理。

图 3-7-1 订阅号设置　　　　　　　　迁移与注销公众号

(1)账号详情:可以获得公众号的二维码素材,修改公众号的名称,设置微信号,修改公众号介绍,申请微信认证,设置所在地址,查看主体信息或者进行账号迁移,查看和公众号相关的小程序(见图 3-7-2)。

图 3-7-2 账号详情

(2)功能设置:进行隐私设置,是否允许通过名称搜索到本账号;设置是否对公众平台中的图片添加水印；设置 JS 接口安全域名，公众号开发者可在该域名下调用微信开放的 JS 接口（见图 3-7-3）。

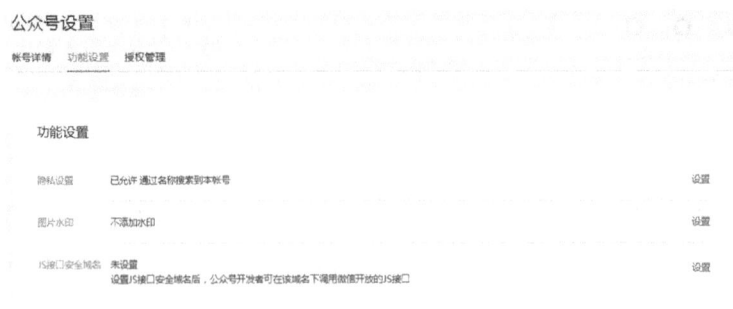

图 3-7-3　功能设置

（3）授权管理：公众号可以将一些特定权限授予给第三方平台，以便于丰富公众平台的功能与体验，例如微信卡券权限、网页服务权限。授权后可在本页查看授权管理详情，并可取消授权（见图 3-7-4）。如果是手动绑定的第三方，可以到"开发"→"基本配置"里点击服务器配置后的"停用"即可，停用后生效会有延迟。

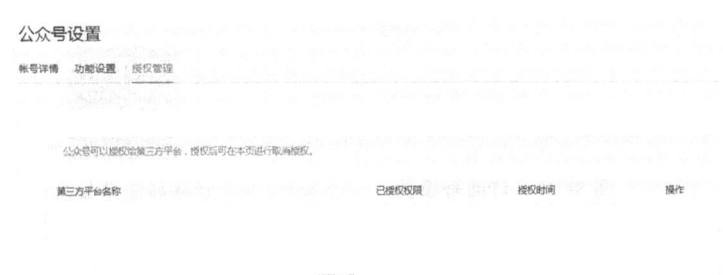

图 3-7-4　授权管理

3.7.2　人员设置

人员设置主要是对公众号管理人员信息进行管理，包括管理员信息的修改和运营者管理授权（见图 3-7-5）。

（1）修改管理员信息：微信扫描和短信验证通过后，可修改管理员微信号和手机号。

（2）运营者管理授权：微信公众号管理人员有管理员和运营者两种，管理员可以执行公众号里面的所有操作，例如管理运营者微信号、开启/关闭风险操作保护、开启/关闭风险操作提醒、所有风险操作（登录、群发消息、修改服务器配置、修改 AppSecret、查看 AppSecret），同时管理员可以设置运营者，使运营者只具有一定的权限，例如登录、群发消息，而且运营者不能设置管理员。

为了让更多人方便、安全地管理公众号，每个公众号可由管理员添加绑定 5 个长期运营者微信号、20 个短期运营者微信号，运营者微信号无须管理员确认即可直接登录公众平台，以及操作群发。

（2）点击开通微信认证，会提示准备好材料（见表3-7-2），以便于提高申请效率，点击"我知道了，开始申请"。

表 3-7-2　开通微信认证所需材料

编号	资　料　名	资　料　说　明
1	微信认证公函的盖章电子档	下载认证公函，完成填写后盖公章，并准备好电子照片或扫描件
2	对公账户	认证时需要填写对公账户信息，包括账户名称、账号和开户银行，个体工商户可以用法人的银行账户代替
3	资质证明文件	不同的机构类型需要不同的资质证明文件的电子照片或扫描件。如果机构类型为企业法人，则需要准备企业工商营业执照；如果机构类型为企业媒体，则除了企业工商营业执照，还需要媒体资质证件
4	商标注册书或商标授权书	如果公众号名包含商标名称，则需要上传此材料
5	税务登记副本或一般纳税人资格证书	开具发票需要
6	企业开户许可证	开具发票需要

（3）同意协议。查看打开的《微信公众平台认证服务协议》，勾选"我同意并遵守上述的《微信公众平台认证服务协议》"，点击"下一步"。

（4）填写资料。在该页面中，主要填写如下三部分的资料信息。

● 选择机构类型、上传申请开通微信认证的公函、上传工商营业执照。需要下载公函的模板，进行填写并盖章（见图3-7-10）。

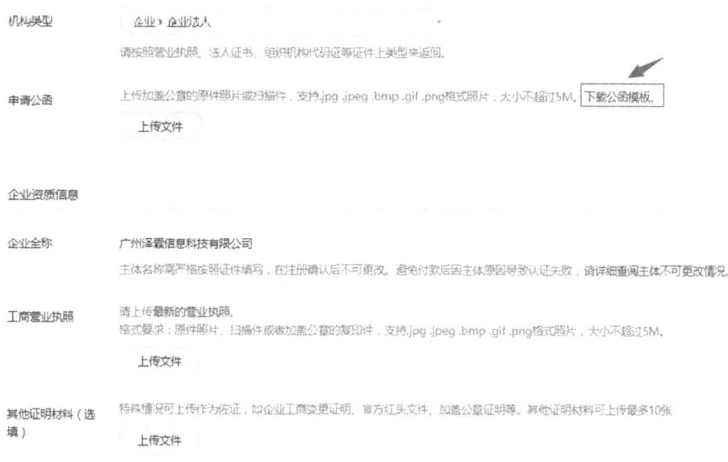

图 3-7-10　填写企业信息

● 填写公司的开户名称、开户银行、对公银行账号等对公账户信息，腾讯公司会给该账户汇入一笔非常小的金额和备注信息，后续审核人员会致电确认（见图3-7-11）。

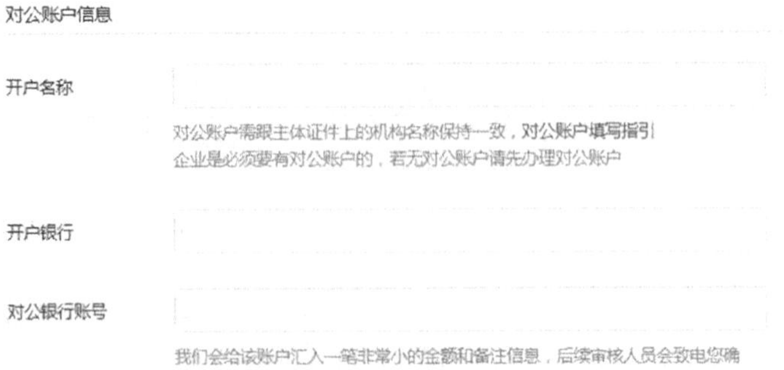

对公账户信息

开户名称

对公账户需跟主体证件上的机构名称保持一致，对公账户填写指引
企业是必须要有对公账户的，若无对公账户请先办理对公账户

开户银行

对公银行账号

我们会给该账户汇入一笔非常小的金额和备注信息，后续审核人员会致电您确

图 3-7-11　填写对公账户信息

● 填写联系人姓名、联系人电话、短信验证码、联系人座机、电子邮箱、联系人身份证号码等联系人信息并进行微信验证（见图3-7-12）。

认证联系人信息

联系人姓名

该人员须与申请公众的联系人一致

联系人电话　　　138　　　　　　　　　　　　　　　　　获取验证码

认证过程会致电该电话，认证期间请保持电话畅通。

短信验证码

联系人座机

请完整地填写区号、手机号和分机号，用于手机联系不到时的备用。

电子邮箱

联系人身份证号码　4408

联系人验证

为了验证你的身份，请用绑定了银行卡的微信扫描二维码。本验证方式不扣除任何费用。
若微信没有绑定银行卡，请先绑定。如何绑定

图 3-7-12　填写认证联系人信息

（5）申请认证昵称。填写认证昵称，命名方式可以选"基于自选词汇命名"和"基于商标命名"，如果选择后者还需要上传商标注册证书和商标授权书（见图3-7-13）。

微信认证账号命名规则

保护注册商标原则：帐号名不得侵犯注册商标专用权，否则审核将不被通过或面临法律追究。
认证命名唯一原则：帐号名不得与已认证帐号重复，否则审核将不被通过。

申请认证昵称

如：Nike中国查看示例

命名方式　　　基于自选词汇命名　　● 基于商标命名

商标注册证书　　上传文件

格式要求：原件照片、扫描件或者加盖公章的复印件，支持.jpg .jpeg .bmp .gif .png格式照片，大小不超过5M。

商标授权书　　上传文件

若商标注册书上的商持方和认证主体不一致，请提供商标授权书。商标授权书可上传最多5张。
格式要求：原件照片、扫描件或者加盖公章的复印件，支持.jpg .jpeg .bmp .gif .png格式照片，大小不超过5M。

图 3-7-13　申请认证账号的命名

（6）填写认证费用发票信息。发票类型可以选电子发票、增值税发票和不开发票。需要上传税务登记副本或者一般纳税人资格证，填写纳税识别号以及发票邮寄地址（见图3-7-14）。

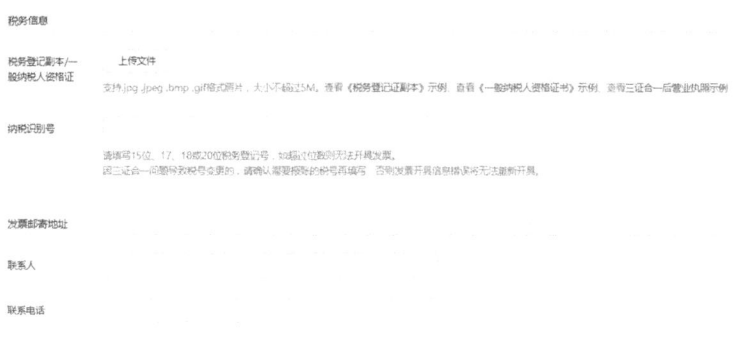

图 3-7-14　填写认证费用发票信息

（7）支付费用。使用微信扫描二维码支付300元，用于支付微信认证费用（见图3-7-15）。微信认证服务费是基于腾讯提供的审核服务而支付的一次性费用，用户每申请一次均应按照《微信公众平台认证服务协议》中的费率标准支付一次审核费用。认证服务费不以认证成功为前提，也不受认证结果和认证状态影响。

图 3-7-15　微信支付认证费

在支付审核费用300元之后，腾讯公司将会委托第三方审核公司来审核企业的微信认证申请。订单在提交后会通过站内信和微信模板消息告知被派到哪家公司，等候审核处理的时间为5个工作日内。

提示：现在微信公众号有三种认证方式：第一种认证方式是打款验证，就是用对公账户给腾讯公司打一笔款，验证通过之后才能使用；第二种认证方式是认证验证，就是支付300块钱认证费；第三种认证方式是法人验证，只需要用绑定法人本人身份证和银行卡的微信扫描一下给定的二维码就可以了。如果后期不需要申请支付，第三种方法是最简单的。要注意的是，如果是机构性质的主体申请公众号，目前只有打款验证和认证验证两种。

3.7.4　微信支付

微信支付的作用是在公众号中通过微信来实现支付与收款。和微信认证一样，账号主体为个人，是无法开通微信支付的。开通微信支付之前，先要进行微信认证。政府与媒体类订阅号在认证后可申请微信支付。

下面介绍申请微信支付的主要步骤：

（1）点击微信公众平台左侧导航栏的"微信支付"，点击"申请接入"按钮（见图3-7-16）。

图3-7-16　申请微信支付

（2）如果已有微信支付商户号，在其他公众号、小程序、移动应用、企业微信中接入微信支付，则可直接进行账号关联，无须再次申请。如果还没有微信支付商户号，应在线提交营业执照、身份证、银行账户等资料，完成账户验证，并填写给定的 AppID（见图3-7-17）。

图3-7-17　申请接入微信支付

（3）注册微信支付商户号（见图3-7-18）。

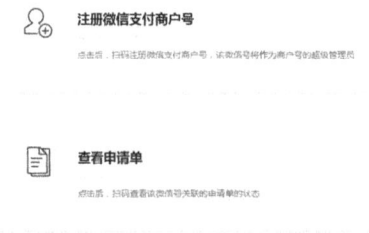

图3-7-18　注册微信支付商户号

（4）微信扫码。使用微信号扫码创建微信支付商户号申请单，该微信号将作为商户号的超级管理员（见图3-7-19）。

微信扫码

请打开微信扫码创建申请单

（注：该微信号将作为商户号的超级管理员）

图3-7-19　使用微信号扫码

（5）创建申请单。填写超级管理员姓名、手机号码、短信验证码、邮箱等信息，并用微信扫描下方的二维码，关注微信支付商家助手公众号，以便接收申请单最新进展（见图3-7-20）。

图3-7-20　填写微信支付商户号申请单

（6）填写商户资料，包括主体信息、经营信息、法人开户意愿视频、结算规则等信息。

①对于主体信息，选择不同的主体类型，所需要填写的资料不同。以企业为例，上传营业执照图片，系统会自动识别营业执照中的注册号、商户名称、注册地址、法定代表人、营业期限和营业执照类型等信息并自动录入，上传法定代表人的证件信息并录入企业的对公银行账户信息（见图3-7-21）。

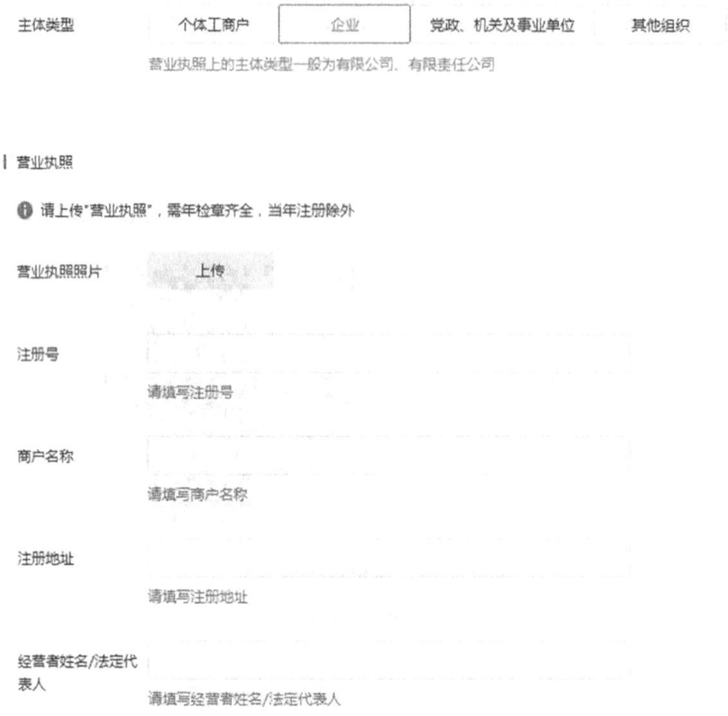

主体类型
个体工商户
企业
党政、机关及事业单位
其他组织
营业执照上的主体类型一般为有限公司、有限责任公司
营业执照
请上传"营业执照"，需年检章齐全，当年注册除外
营业执照照片
上传
注册号
请填写注册号
商户名称
请填写商户名称
注册地址
请填写注册地址
经营者姓名/法定代表人
请填写经营者姓名/法定代表人

图 3-7-21　填写商户信息

②对于经营信息，需要填写商户简称，即在支付完成页面向买家展示的名字，商户简称需与微信经营类目相关。此外还要填写客服电话，以及选择经营场景(线下场所、公众号、小程序、App、PC 网站、企业微信)。不同的经营场景，还需要填写相应的场景有关信息(见图 3-7-22)。

经营信息
商户简称
将在支付完成页向买家展示，需与微信经营类目相关
客服电话
将在交易记录中向买家展示，请确保电话畅通以便平台回拨确认
经营场景
线下场所
公众号
小程序
APP
PC网站
企业微信

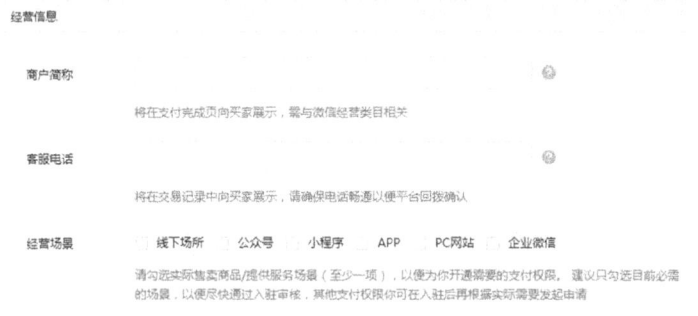

图 3-7-22　填写经营信息

③法人开户意愿视频为选填内容，在视频中建议法人按以下话术录制："我是××公司的法定代表人(或负责人)，特此证明本公司申请的商户号为我司真实意愿开立且用于××业务(或××服务)。我司现有业务符合法律法规及腾讯的相关规定。"

④对于结算规则，从下拉框中选择。对于特定的结算规则，还需要上传特殊资质(见图 3-7-23)。

(7)提交资料、审核通过之后，签署在线《微信支付服务协议》即可。

图 3-7-23　填写结算规则

3.7.5　安全中心

安全中心主要是对公众号安全性方面的设置,包括风险操作保护、风险操作提醒、风险操作记录、IP 白名单和修改密码(见图 3-7-24)。

图 3-7-24　安全中心

(1)风险操作保护:风险操作指的是登录、群发消息、修改服务器配置、修改 AppSecret、查看 AppSecret,开启微信保护后,除管理员和运营者可直接扫码验证登录和进行群发操作外,其他风险操作都需管理员微信号进行验证以保护公众号安全。非管理员或运营者的微信扫码后提交操作申请,系统会发送申请至管理员微信号进行验证。

(2)风险操作提醒:开启安全提醒后,在公众号进行风险操作后,将会提醒管理员(绑定的管理员微信号),保证公众号安全。风险操作包括群发消息、修改服务器配置、重置 AppSecret。登录默认开启提醒且无法关闭。

(3)风险操作记录:查看公众号最近 7 日、15 日、30 日的登录记录、群发记录、修改记录(见图 3-7-25)。

(4)IP 白名单:为了提高公众平台开发者接口调用的安全性,避免一旦开发者 ID 和密码泄露后给账号造成损失,腾讯对调用"获取 access_token"接口增加 IP 白名单校验,即只有将 IP 地址设置为公众号的 IP 白名单,才能成功调用该接口。开启 IP 白名单的方法是点击微信公众平台左侧导航栏的"开发"→"基本配置",然后点击 IP 白名单的配置进行设置,详情查看 3.8.1 节介绍的基本配置方法。

(5)修改密码:用管理员微信扫码验证后,可以修改公众号密码。

当前在线

登录时间	微信昵称	微信号	身份	登录方式	所在地	操作
2019.09.14 12:22:26	Lucky Adam	A***E	管理员	网页端	广东省	下线

最近7日 最近15日 最近30日

登录 群发 修改

操作时间	操作微信号	有无管理员验证	登录方式	所在地
2019.09.14 12:22:26	管理员	有	网页端	广东省
2019.09.14 10:07:32	管理员	有	网页端	广东省
2019.09.13 17:26:21	管理员	有	网页端	广东省
2019.09.12 11:52:30	管理员	有	网页端	广州市
2019.09.11 21:07:40	管理员	有	网页端	广东省
2019.09.10 12:46:17	管理员	有	网页端	广东省
2019.09.07 10:21:12	管理员	有	网页端	广东省

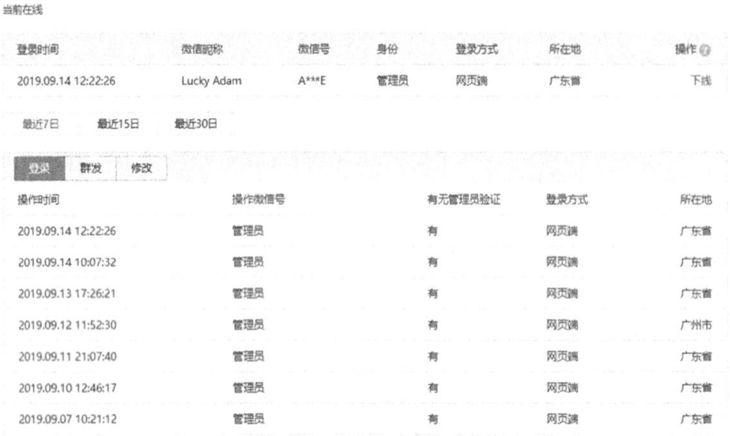

图 3-7-25 最近 7 日登录记录

3.7.6 违规记录

违规记录(见图 3-7-26)记录了公众号的违规情况,运营者可随时进行查看,以更清晰地了解账号违规情况及相关规则。如对违规记录存在异议,可通过站内信处罚通知的申诉入口进行申诉。

以下为公众号的违规记录(2015年8月21日后)

记录ID	违规类型	违规内容	时间

图 3-7-26 违规记录

3.8 开发

本节涉及微信公众平台的开发知识,作为选修内容。读者如果没有微信公众平台的程序开发基础,可以跳过本节。

3.8.1 基本配置

成为微信公众平台开发者,将可以使用公众平台的开发接口,在自己的服务器上接收用户的微信消息,并可按需回复。此外,微信公众平台还提供了更多更高级的接口来完善公众号的功能,例如:

(1)会话界面的自定义菜单;

(2)多客服接口,提供贴心快捷的客服服务;

(3)获取用户地址位置,精确提供服务;

(4)高级群发接口,实现更灵活的群发能力;

(5)用户分组接口,方便管理用户。

首次点击,需要点击页面上的"成为开发者"按钮,开通公众号开发功能(见图 3-8-1)。

你还没有成为开发者

成为微信公众平台开发者,你将可以使用公众平台的开发接口,在你自身服务器上接收用户的微信消息,并可按需回复,此外,我们还提供了更多更高级的接口来完善公众号的功能:

1. 会话界面的自定义菜单
2. 多客服接口,提供贴心快捷的客服服务
3. 获取用户地址位置,精确提供服务
4. 高级群发接口,实现更灵活的群发能力
5. 用户分组接口,方便管理用户
还有很多接口,等你来体验。

☑ 我同意《微信公众平台开发者服务协议》

成为开发者

图 3-8-1 成为开发者

开通成为开发者后,将看到开发者 ID 和开发者密码。其中,开发者 ID 是公众号开发识别码,配合开发者密码可调用公众号的接口能力;开发者密码是校验公众号开发者身份的密码,具有极高的安全性。需要点击启用,管理员使用微信扫描二维码,并输入登录密码验证后,会生成开发者密码(见图 3-8-2)。公众平台将不再储存和显示 AppSecret,请自己妥善保存。切记勿把密码直接交给第三方开发者或直接存储在代码中。如需第三方代开发公众号,请使用授权方式接入。完成开发者设置后,如果要成功调用 access_token,还需要将开发者电脑的 IP 地址放置到 IP 白名单中。

开发者密码设置 ✕

1 身份确认   2 密码验证   3 查看开发者密码

公众号   gh_94b1434ad5f6

登录密码   ········

验证码   pdrf

PDRF 换一张

下一步

图 3-8-2 启用开发者密码

开启服务器配置后,用户发送的消息将自动转发到该配置地址,并且在网站中设置的自动回复和自定义菜单将失效。进行服务器配置,需要填写服务器的 URL、令牌(必须为英文或数字,长度为 3~32 个字符)、消息加解密密钥(可以随机生成)、消息加解密方式(明文模式、兼容模式、安全模式)(见图 3-8-3)。可以扫码关注微信开发者公众号,从开放社区、官方文档、官方教程中获得微信开发的有关知识。

图 3-8-3　公众号开发配置

3.8.2　开发者工具

开发者工具提供开发者文档、在线接口调试工具、Web 开发者工具、公众平台测试账号、公众号第三方平台和腾讯云 CDN 加速等,辅助开发者进行微信公众平台的开发。

(1)开发者文档:开发者通过阅读开发者文档,了解平台接入以及功能开发,例如自定义菜单、消息管理、微信网页开发、素材管理、图文消息留言管理、用户管理、账号管理、数据统计、微信卡券、微信门店、微信设备功能、新版客服功能、微信摇一摇周边、微信一物一码、微信发票等。

(2)在线接口调试工具:帮助开发者检测调用微信公众平台开发者 API 时发送的请求参数是否正确,提交信息后可获得服务器验证结果。

(3)Web 开发者工具:微信公众平台为开发者提供 Web 开发者工具,用于帮助开发基于微信的网页或者 Web App。它是一个桌面应用,通过模拟微信客户端的表现使得开发者可以使用这个工具方便地在 PC 或者 Mac 上进行开发和调试工作。在此处,以邀请的方式绑定开发者微信号。开发者微信号可在 Web 开发者工具中进行本公众号的开发和调试。

(4)公众平台测试账号:无需公众账号,快速申请接口测试号(开发者 ID 和开发者密码),直接体验和测试公众平台所有高级接口。

(5)公众号第三方平台:让公众号或小程序运营者在面向垂直行业需求时,可以通过一键登录授权给第三方开发者,来完成相关能力。

(6)腾讯 CDN 加速:内容分发网络(content delivery network,CDN)通过将站点内容发布至遍布全国的海量加速节点,使其用户可就近获取所需内容,避免网络拥堵、地域、运营商等因素带来的访问延迟问题,有效提升下载速度、降低响应时间,提供流畅的用户体验。

3.8.3　运维中心

运维中心提供数据监控、日志查询和接口报警等公众平台日常运行监控服务。

(1)数据监控:数据监控功能实时统计公众号接口/被动回复调用数据,并支持特定时间段调用数据查询,帮助开发者了解公众号接口调用情况。申请开通数据监控功能后,系统开始统计公众号接口调用数据,开通前数据不支持查询。支持查看 7 天内公众号接口/被动回复调用情况,调用数据精确至分钟。支持按时间对比接口调用情况。

(2)日志查询:可查询公众号 48 小时内接口调用错误日志。其中,"获取 access_token""自定义菜单创建"接口支持 48 小时内所有调用日志查询。开发者申请开通日志查询功能后,系统开始收集日志,功能开通前日志不支持查询。开发者可通过接口/消息类型、发生时间及返回数据包中错误提示等信息项筛选日志。查询结果列表展示简要信息,开发者可展开日志查看完整日志记录。

(3)接口报警:接口报警通过微信群来通知,扫描网页上的二维码加入微信群,即可接收报警通知,还可以查看有哪些成员已经加入了报警群。

3.8.4 接口权限

接口权限页面可以查看微信公众平台提供的各类接口情况,例如是否已经获得、是否需要开启、每日实时调用量/上限(次)等(见图 3-8-4)。通过编程调用微信公众平台所提供的接口,可以有效丰富与增强微信公众平台的功能。

类目	功能	接口	每日实时调用量/上限(次) ⑦	接口状态	操作
基础支持		获取access_token	0/2000	已获得	
		获取微信服务器IP地址		已获得	
接收消息		验证消息真实性	无上限	已获得	
		接收普通消息	无上限	已获得	
		接收事件推送	无上限	已获得	
		接收语音识别结果 (已关闭)	无上限	已获得	开启
		自动回复	无上限	已获得	
发送消息		客服接口		未获得	
		群发接口		未获得	
		模板消息(业务通知)		未获得 ⑦	
对话服务		一次性订阅消息		未获得	

图 3-8-4 微信公众平台提供的接口权限列表

3.9 公众号的常用概念与操作

3.9.1 文章原创声明

在 3.1.1 节的第(5)步中有原创声明。原创文章不在于字数,但通常不够 300 字的就不能是原创文章。下面是微信公众平台对原创声明的规则解释。

原创特指自己写的、独立完成创作的作品。歪曲、篡改他人创作或者抄袭、剽窃他人创作而产生的作品,改编、翻译、注释、整理他人已有创作或公共素材而产生的作品均不能说是原创。

公众平台鼓励用户发表原创文章,平台会对声明原创的文章在群发后进行审核,审核通过后文章会被标识为原创文章。

不得对文章进行原创声明的情形参见 1.4.2 节相关内容。

赞赏是读者认可原创文章和作者而自愿赠予,用以鼓励作者的无偿行为。未经允许,不得将涉及资金的相关功能运用于以下情形:

(1)募捐,或类似以资金筹集为目的的作品中使用涉及资金的相关功能的,包括但不限于公益筹款、众筹、乞讨,或者带有宗教信仰色彩的募集、募捐等;

（2）使用涉及资金的相关功能进行赌博或抽奖的；

（3）使用涉及资金的相关功能售卖商品（任何实物或虚拟商品）的；

（4）以提供增值服务利诱用户支付资金的；

（5）其他不符合腾讯开发原创声明及相关功能目的的情形。

用户将文章设置为原创时，点击"声明原创"时，将会打开须知和原创声明信息。刚创建运营微信公众平台时，赞赏功能开关通常为灰色，这是因为还没有赞赏账户授权给本公众号（见图3-9-1）。有两种解决方法：一种是公众号的作者发表一定数量的原创文章，从而获得创建赞赏账户的资格；另外一种是利用已有的赞赏账户，将赞赏账户授权给本公众号。可以在微信上的赞赏账户小程序→赞赏账户设置→可收款公众号中添加本公众号。注意，具有赞赏账户的微信号，才能够利用赞赏账户小程序进行设置。

图 3-9-1　声明原创

3.9.2　原创转载规则

在3.1.3节中所述的发送转载文章的操作，对转载是有规定的。微信公众平台允许成功声明原创的文章可被其他公众号分享和转载，获得传播和赞赏。共有以下几种形式：

1.开放转载

开放转载是一种较开放的转载方式。原创作者将文章设置为开放转载的模式后，所有公众号都可以进行转载。

目前通过开放转载转载文章时，转载者可以插入推荐语，介绍文章和作者，但不能修改正文和作者，并且会在文章底部显示原创公众号来源。如果原创文章开启了赞赏，则转载文章底部也会出现赞赏模块，赞赏收益归原创作者所有。

设置文章开放转载的条件：开启了支持赞赏作者的原创文章均可以设置为开放转载（升级前的赞赏暂不支持）。

公众号转载开放转载文章的条件：所有公众号都可以转载开放转载的文章。

2.白名单转载

若文章未设置开放转载或者转载账号不符合开放转载条件，原创公众号可以通过给对应账号添加转载白名单进行转载。

拥有白名单权限的公众号能够转载对应的原创文章,并可修改文章正文内容和不带原创公众号来源。如果原创文章开启了赞赏,则转载文章底部也会出现"喜欢作者"模块,赞赏收益归原创作者所有。

白名单权限包括三个:

(1)可修改权限:用户可在转载账号直接阅读全文,而不需要跳转。转载账号可以修改文章的内容、格式、排版等。勾选后,原创公众号再行投诉修改并转载的文章侵犯著作权将不被支持。腾讯不会也无法介入该文章修改事宜的纠纷解决。目前该选项为必选。

(2)赞赏原文作者权限:若原创文章开启赞赏,则转载文章底部也会出现"喜欢作者"模块,赞赏收益归原创作者所有。目前该选项为必选。

(3)显示转载来源:转载账号转载文章底部将不再由系统注明转载公众号来源。

3.分享页转载

未设置开放转载的原创文章,其他公众号可通过原创分享样式予以分享,并附上推荐语。在转载账号的分享页面展示分享推荐语和原创文章的部分内容,全文需跳转至原创文章页面阅读。

若其他公众号希望转载并修改原创文章原文内容或样式,并且在当前页面阅读全文,可联系原创账号进行白名单授权设置。

3.9.3 查看文章是否为原创

如何查看微信公众平台上的文章是否为原创呢?可以通过如下两个方法进行查看。

方法1:通过文章列表的方式。点击微信公众平台右上侧的菜单"…",打开微信公众平台的历史文章列表。在每篇文章的右侧,如果有"原创"字样,则表示该文章为原创(见图3-9-2)。

方法2:通过查看文章内容的方式。在每篇文章内容的头部,文章标题的下面,如果有"原创"字样,则表示该文章为原创(见图3-9-3)。

图3-9-2　文章列表原创标记　　　　图3-9-3　原创文章

3.9.4　搜索历史文章

随着时间的推移,微信公众平台上的文章日益增多,用户可以利用搜索功能快速找到所需要的文章。

（1）点击微信公众号右上侧的菜单"…"（见图 3-9-4）。

（2）在打开的微信公众平台概要页面,向下找到"全部消息"并点击（见图 3-9-5）。

（3）在打开的微信公众平台所有消息页面中,最顶部就是搜索框,在此搜索框中输入关键词进行搜索（见图 3-9-6）。

图 3-9-4　微信公众平台管理菜单

图 3-9-5　微信公众平台概要页面

图 3-9-6　微信公众平台历史消息

3.9.5　文章底部的"在看"

文章底部有一个"在看"标记（见图 3-9-7）,点击表示读者认为这篇文章好看,相当于点赞的意思。再次点击则取消上次操作。

阅读原文　阅读 4.4万　　　　　　　　在看 211

图 3-9-7　"在看"标记示例

微信用户能够在微信"发现"→"看一看"中查看 7 天内用户的好友（包括用户自己）点击"在看"的文章（见图 3-9-8）。

图 3-9-8 "看一看"示例

第4章

企业微信的使用

4.1 企业微信使用概述

登录企业微信的网址是 https://work.weixin.qq.com/wework_admin/loginpage_wx，需要使用企业微信管理员的微信扫码登录（见图4-1-1），能够在浏览器上对企业微信进行操作。

图 4-1-1 企业微信扫码登录

使用企业微信的步骤是：首先下载手机或者桌面端的企业微信，然后邀请同事加入（同事扫描二维码,管理员也可以通过手机版企业微信主动邀请),最后使用企业微信提供的各种办公应用,例如公费电话、企业邮箱、公告、考勤等基础应用,此外还可以根据企业需求定制各类企业办公应用(见图4-1-2)。

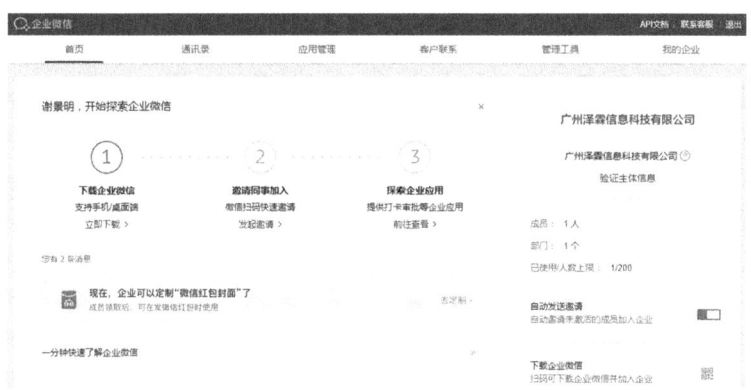

图 4-1-2　企业微信管理平台主界面

4.2 验证主体信息

企业微信号在注册时,只是录入企业的名字,并没有经过验证。如果企业微信号验证了主体信息,则能够提高企业微信人数上限,对外名片不展示"未认证"标识,并具有以短信或者邮箱邀请用户加入企业微信等其他企业微信权益。下面介绍如何验证主体信息。

(1)点击企业微信管理平台主界面右侧的"验证主体信息"(见图4-2-1)。

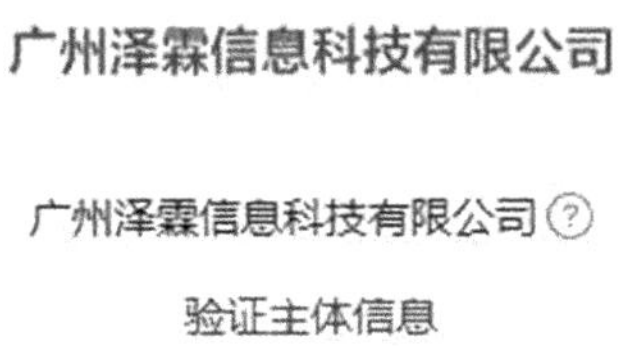

广州泽霖信息科技有限公司

广州泽霖信息科技有限公司 ⑦

验证主体信息

图 4-2-1　验证主体信息

(2)有两种主体验证方式(见图4 2 2):一种是通过微信公众号授权验证。如果公众号已经注册过主体信息,就可以授权企业微信以公众号的主体信息来进行快捷验证;另外一种是通过提交资料验证,即企业微信认证、法定代表人验证和支付验证。

(3)提交资料验证,选择图4-2-3所示的三种验证方式中的一种来进行验证。详细方法可参考3.7.3节。

图 4-2-2　验证主体的两种方式

图 4-2-3　三种验证方式

4.3　通讯录的使用

　　每一个企业微信的成员在他的企业微信 App 上都可以查看通讯录中的人员信息,这实现了公司员工联系信息的共享。在通讯录中,可以添加企业的部门,添加公司成员。默认是以公司名作为部门名,对于有一定规模的公司,应首先建立部门(见图 4-3-1)。

图 4-3-1　添加部门

（1）建立好部门之后，可以添加成员，添加成员有如下两种做法：

①手动添加成员：填写成员的姓名、账号、手机、邮箱、部门，其中账号是成员的唯一标识，手机和邮箱必须要填写其中的一个（见图4-3-2）。创建好之后，可以通过手机或者邮箱向其发送加入企业微信的邀请。对于手机号码，微信会自动读取与该手机号码关联的微信，成员通过验证该手机后可以加入企业。点击微信邀请，可以生成微信邀请二维码，成员可以扫码加入。

图 4-3-2　添加成员

②批量导入成员：

a. 文件导入的方式：首先下载 .xls 通讯录模板，按格式添加成员信息后导入；

b. 从腾讯企业邮箱通讯录中导入信息。

（2）批量导出成员：可以将企业微信通讯录中的成员以 .xls 文件的形式批量导出到电脑本地。

4.4 应用管理

企业微信提供了丰富的应用，面向企业特别是中小企业打造高效的办公平台（见图4-4-1）。

图 4-4-1　企业微信应用

4.4.1 打卡

企业成员可在手机或智慧考勤机上轻松打卡，结合审批申请自动生成出勤报表。支持固定时间上下班、灵活排班、自由上下班和外出打卡。每种打卡方式都可以由管理人员自定义规则，例如需要打卡的人员、不需要打卡的人员、汇报对象、打卡位置、打卡所连 WiFi、打卡时间、特殊日期等（见图 4-4-2）。

打卡规则

*规则名称：	
*规则类型：	⦿ 固定时间上下班 所有人按照相同时间打卡
	◯ 按班次上下班 不同人员按照各自排班打卡
	◯ 自由上下班 所有人无时间限制，可随时打卡，只统计旷工
*打卡人员：ⓘ	添加
白名单：	添加 白名单内成员不参与打卡
汇报对象 ⓘ：	＋
*打卡地点：	位置和WiFi满足任意一项即可打卡
位置：	添加 可添加多个打卡地点，并设置有效打卡范围
WiFi：	添加 可添加多个WiFi，连上指定的WiFi即可打卡

图 4-4-2　打卡规则设置示例

智慧考勤机为第三方公司支持企业微信功能的设备（见图 4-4-3），支持指纹、人脸、门禁等方式打卡，可与手机打卡同时使用，打卡记录汇总到上下班打卡报表。

图 4-4-3　企业微信中控指纹打卡机

4.4.2 审批

能够随时随地审批，并可自定义审批模板。支持会签、上级审批、条件审批，适应各种流程。

系统预先已经设置好请假、报销、费用、出差、采购、加班、外出、用章、付款、用车、绩效等常见的审批模板,也允许根据公司业务情况,通过可视化的操作自定义审批模板。

以请假审批为例,在企业微信后台网站上既可以查看申请记录并导出,也可以设置模板和审批规则(见图 4-4-4)。

图 4-4-4　请假审批

自定义审批模板既可以从已有模板的基础上创建,也可以从头开始创建(见图 4-4-5)。

图 4-4-5　新建审批模板

4.4.3　汇报

汇报为企业对员工工作内容及过程的管理功能。管理员可便捷地创建自定义模板,为员工提供标准化的汇报渠道。系统预先已经设置好日报、周报、月报、销售业绩、营业报告、拜访记录、汇报、销售单、邀约到访、店面检查表等常见的模板,也允许根据公司业务情况,通过可视化的操作自定义汇报模板。图 4-4-6 和图 4-4-7 所示为移动端企业微信所看到的工作日报和客户拜访记录界面。

图 4-4-6　日报　　　　　　　图 4-4-7　拜访记录

4.4.4　公告

　　企业可通过公告向员工发布内部的重要通知。公告应选择发送范围,填写标题、正文、作者,进行分享设置。其中分享设置为单选框,选项内容如下:"仅限在企业内分享""可对外分享""不能分享且内容显示水印"。此外,在桌面版企业微信或者浏览器登录企业微信上,还可以根据需要决定是否在公告中添加附件、原文链接、封面图等信息(见图 4-4-8)。

图 4-4-8　发送公告

4.4.5　文件盘

文件盘用于统一管理企业文件,方便员工随时访问。员工可创建文件分区,设置成员浏览或编辑权限,与群组和项目团队共享文件资料,即一个成员可以在文件盘中创建专门的文件分区,只有指定人员才有访问权限,这种机制实现了对文件共享范围的约束。系统赠送 100 GB 的免费空间,如果想要更大的空间,则需要另外购买。企业微信移动端可以直接将用户手机上的资料上传到文件盘中进行共享(见图 4-4-9);而企业微信电脑端则可以将电脑上的资料上传到文件盘中。

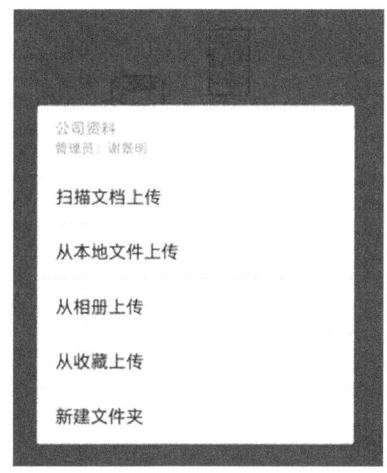

图 4-4-9　企业微信移动端上传共享文档

4.4.6　公费电话

公费电话是由公司统一付费、员工可免费拨打的电话功能,对内对外均可使用,仅支持拨打国内电话。在拨打对方电话时,首先显示公司的名字,接听后再自动连接对方电话。此外,企业微信为公司提供 30 分钟的免费电话,还可以申请赠送有效期为 3 个月的 1000 分钟电话。超出时间之后则需要充值。

登录企业微信网页后台,可以充值,查看本企业使用公费电话通话记录,设置限制部门/成员使用及每月拨打额度,查看每月公费电话使用情况统计图(见图 4-4-10)。

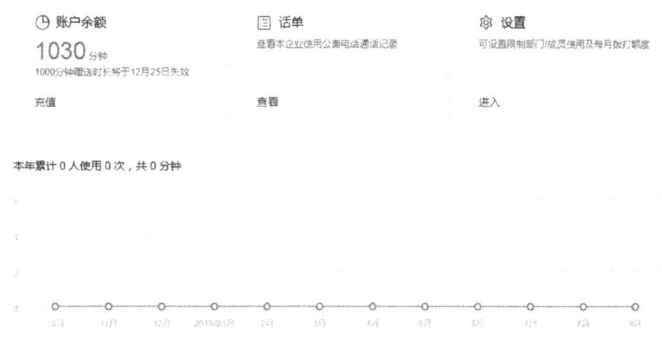

图 4-4-10　公费电话管理界面

4.4.7 其他功能

企业微信还提供了其他的办公应用功能,例如:在作为公司内部论坛的"同事吧"中可以畅所欲言,支持发表帖子、评论,并且允许匿名;员工还可以进行知识提问、二手买卖、活动组织等。在"企业邮箱"中可以获取、配置专属域名的企业邮箱,成员可在企业微信中接收新邮件提醒,并发送邮件。在"微信红包封面"中,企业定制"品牌红包封面",成员领取后可在发微信红包时使用,帮助企业传递品牌文化。在"企业支付"中开通并绑定微信支付商户号,即可在企业微信内使用支付能力,包括企业对外收款、对外付款及企业微信特有的能力——向员工收款和付款。除此之外,企业微信还提供了一些免开发应用,如二维码收款、向员工发红包等。

此外,还可以自建应用或者添加第三方公司提供的应用。这些应用涉及移动办公、文化建设、团队协同、人力资源、客户关系、表单流程、企业服务、企业培训、供应链管理、财务报销、电子合同等方面,通常有免费的试用期(见图 4-4-11)。

图 4-4-11　第三方应用和小程序

第5章

5章 小程序的使用

5.1 小程序概述

从使用角度来看,微信小程序在微信中提供应用程序功能,不需要预先安装,取消也非常方便。从开发角度来看,微信小程序是基于微信提供的开发框架下所开发的程序,主要的编程语言是 JavaScript,要求开发者具备 HTML 知识和 JavaScript 编程能力。

微信小程序具有如下特征:

(1)不需要下载安装即可使用。用户在微信中通过扫描二维码或搜索即可打开相应的微信小程序进行使用,从而使得微信小程序可以在微信内被便捷地获取和传播。

(2)删除小程序非常简单。只需要选中小程序拖曳到底部的删除栏即可删除。

(3)企业或者个人根据不同需求开发出小程序应用,能够大大扩展微信的功能,使得微信不仅仅是一个社交交流平台,而且成为一个移动信息时代下的综合应用平台。

典型的小程序应用有腾讯公司开发的"乘车码"小程序,下面以此为例演示小程序的使用和管理过程。首先点击微信聊天界面右上角的搜索图标进入搜索界面(见图 5-1-1),选择"小程序",输入"乘车码",点击"搜索",搜索结果见图 5-1-2。点击小程序"乘车码",即可打开"乘车码"小程序。

图 5-1-3 所示为打开"乘车码"小程序后获取位置信息的请求,点击"允许"。图 5-1-4 所示为腾讯"乘车码"小程序的"切换乘车码"界面。

下面介绍管理用户微信小程序的两种方法:

(1)在微信消息界面,用手将屏幕向下拉,会出现使用过的微信小程序以及"我的小程序"(见图 5-1-5)。点击"…"图标,可以查看本微信号所有的小程序。

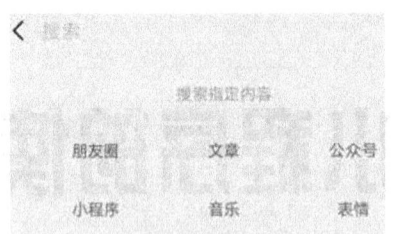

图 5-1-1　搜索微信小程序

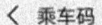

图 5-1-2　搜索微信小程序结果

图 5-1-3　"乘车码"申请权限

图 5-1-4　"切换乘车码"界面

图 5-1-5　微信顶部的小程序

(2)在微信的"发现"页面(见图 5-1-6)点击"小程序",可进入小程序管理页面(见图 5-1-7)。在列表中选中小程序,可以选择"删除"或者"添加到我的小程序"。点击"附近的小程序"还可以查看附近商家、企业开发的小程序(注意需要开启手机上的地理位置信息)。

图 5-1-6 "发现"页面 图 5-1-7 小程序管理页面

5.2 接入小程序

5.2.1 注册小程序账号

微信小程序的网址和微信公众平台的网址相同,都是 https://mp.weixin.qq.com,它们的登录账号和密码是独立并且分开注册的。也可以通过微信公众平台登录进去,再注册小程序账号。

微信小程序从注册、开发到发布的接入流程主要分为以下四步:

(1)注册账号:在微信公众平台注册小程序账号。

(2)完善小程序信息:填写小程序基本信息,包括名称、头像、介绍及服务范围等。

(3)开发小程序:完成小程序开发者绑定、开发信息配置后,开发者可下载开发者工具、参考开发文档进行小程序的开发和调试。

（4）提交审核和发布：完成小程序开发后，提交代码至微信团队审核，审核通过后即可发布（公测期间不能发布）。

如果要自己开发一个小程序，则需要先注册小程序账号。个人、企业、政府、媒体、其他组织等主体都可以注册。对于已认证公众号，可以快速注册并认证小程序。下面介绍个人用户如何注册小程序账号：

（1）在微信公众平台左侧导航栏点击"小程序"→"小程序管理"，点击"快速注册并认证小程序"（见图5-2-1）。

快速注册并认证小程序

支持已认证公众号快速注册
并认证小程序

图5-2-1 快速注册并认证小程序

（2）填写账号信息：邮箱、密码、确认密码、验证码（见图5-2-2）。邮箱作为登录账号，应填写未被微信公众平台注册、未被微信开放平台注册、未被个人微信号绑定的邮箱。

每个邮箱仅能申请一个小程序

邮箱	作为登录帐号，请填写未被微信公众平台注册，未被微信开放平台注册，未被个人微信号绑定的邮箱
密码	字母、数字或者英文符号，最短8位，区分大小写
确认密码	请再次输入密码
验证码	NXYH 换一张

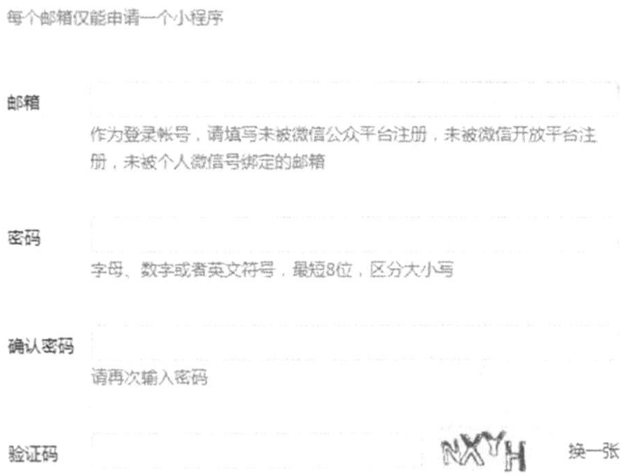

图5-2-2 填写账号信息

（3）邮箱激活。到第（2）步填写的注册邮箱中查看邮件，并点击邮件中的链接激活账号。

（4）用户信息登记。选择注册国家/地区、主体类型，并登记主体信息（见图5-2-3）。选择主体类型为个人，使用主体信息填写的身份证姓名的微信进行扫描认证。

（5）信息登记成功后，进入小程序管理页面（见图5-2-4）。

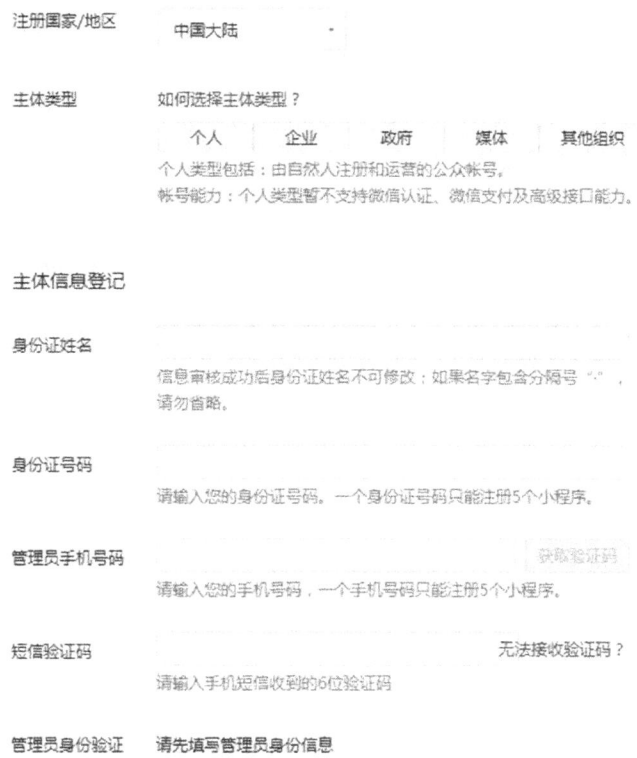

图 5-2-3　微信小程序主体信息登记

图 5-2-4　小程序管理页面

如果微信小程序的主体类型不是个人,而是企业、政府、媒体或者其他组织,则需要进行主体验证。其中,企业类型账号可选择如下两种主体验证方式进行验证:

(1)用公司的对公账户向腾讯公司打款来验证主体身份。打款信息在提交主体信息后可以查看。打款金额只是小额,需要根据页面提示,在 10 天内向指定的收款账户汇入指定金额。腾讯公司收到汇款后,会将注册结果发送至管理员微信,所打款项将原路退回至申请者的对公账户。推荐使用这种验证方式。

(2)通过微信认证验证主体身份,需支付 300 元认证费。认证通过前,小程序部分功能暂无法使用。

政府、媒体、其他组织类型账号，必须通过微信认证验证主体身份。认证通过前，小程序部分功能暂无法使用。

5.2.2　填写小程序信息

在完成5.2.1节所述的小程序账号注册之后，需要填写小程序的信息（见图5-2-5），包括名称、简称、头像、介绍、服务类别等。小程序信息的填写和开发可以同步进行，也可以先进行小程序开发，后面再补充填写小程序信息。选择通过微信认证验证主体身份的用户，需先完成微信认证后，才可以补充小程序名称信息。小程序名称不得与公众平台已有的订阅号、服务号重复，如提示重名或者名字不能使用，请更换名称。

图 5-2-5　填写小程序信息按钮

5.2.3　添加开发者

点击图5-2-6所示的"添加开发者"按钮，进入小程序成员管理。

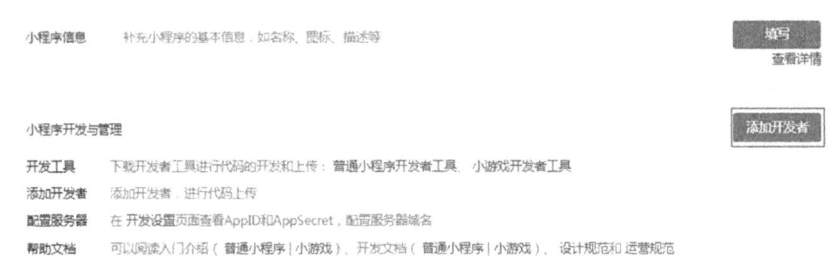

图 5-2-6　添加开发者

小程序成员管理包括对小程序项目成员及体验成员的管理。管理员不需要再重复将自己绑定为项目成员或者体验成员。对于注册为个人类型的小程序，可以添加15名项目成员和15名体验成员。

（1）项目成员：参与小程序开发、运营的成员，包括运营者、开发者及数据分析者。登录小程序管理后台，管理员可在"成员管理"中添加、删除项目成员。添加项目成员时，需要输入微信号，并将项目成员设置为运营者权限、开发者权限或数据分析者等角色（见图5-2-7）。

（2）体验成员：参与小程序内测体验的成员。可使用体验版小程序，但不属于项目成员。管理员及项目成员均可添加、删除体验成员。添加体验成员时，需要输入微信号（见图5-2-8）。

图 5-2-7　添加微信小程序项目成员

图 5-2-8　添加微信小程序体验成员

5.2.4　配置服务器

点击"开发设置"(见图 5-2-9),查看 AppID 和 AppSecret,配置服务器域名。其中,AppID 表示微信小程序的唯一标识。每一个微信小程序都需要有一个 AppID。AppID 相当于小程序的"身份证"。在开发微信小程序时,需要输入 AppID 信息。AppSecret 表示开发者密码。小程序 AppSecret 只有管理员才能查看,平台不会明文保存 AppSecret。在微信小程序接入的时候,需要输入 AppID 和 AppSecret。

图 5-2-9　配置服务器

目前配置域名每个月可以修改 5 次;服务器域名需经过 ICP 备案,新备案域名需 24 小时后才可配置。域名格式只支持英文大小写字母、数字及"_",不支持 IP 地址及端口号。配置域名只需要配置域名部分,例如对于域名 http://www.××.com/index.php,只需要配置 www.××.com 即可。

5.2.5　下载安装开发者工具

(1)点击"普通小程序开发者工具"(见图 5-2-10)。

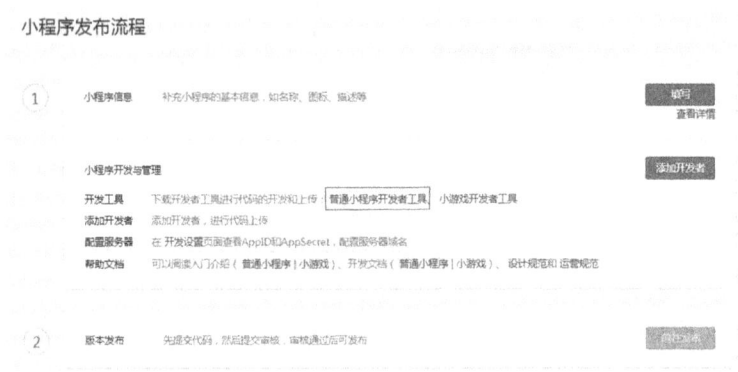

图 5-2-10　"普通小程序开发者工具"按钮

(2)点击"下载"。在稳定版中,点击适合用户操作系统的版本,例如 Windows 64、Windows 32、macOS(见图 5-2-11)。查看用户 Windows 操作系统是 64 位还是 32 位的方法是:右键点击 Windows 系统桌面上的"计算机",选择"属性",在系统信息中查看。系统类型若是 64 位操作系统,则选择 Windows 64,否则选择 Windows 32。

图 5-2-11　微信小程序开发者工具下载

(3)点击下载的 exe 文件,安装普通小程序开发者工具。

(4)安装成功后,显示登录界面,需要使用开发者的微信号扫码(见图 5-2-12)才能打开微信开发者工具的主界面。

微信开发者工具可以用于公众号网页调试和小程序调试:

微信开发者工具

v1.02.1904090

欢迎使用微信开发者工具

图 5-2-12　微信开发者工具登录页

● 公众号网页调试：可以调试微信网页授权和微信 JS-SDK 详情。

● 小程序调试：可以完成小程序的 API 和开发调试页面、查看和编辑代码、预览和发布小程序等。

5.3　开发第一个微信小程序

在快捷菜单中，点击微信开发者工具，并使用微信扫描登录页上的二维码，登录进入微信开发者工具项目选项页面（见图 5-3-1）。其中左侧为项目列表，可以选择小程序调试和公众号网页调试。右侧为新建项目以及已经存在的项目列表。

图 5-3-1　微信开发者工具项目选项页面

点击加号图标,添加一个微信小程序项目,输入项目名称、项目目录(建议该目录下不存放任何文件)、AppID等信息后,点击"新建"按钮(见图5-3-2),就得到了第一个小程序。

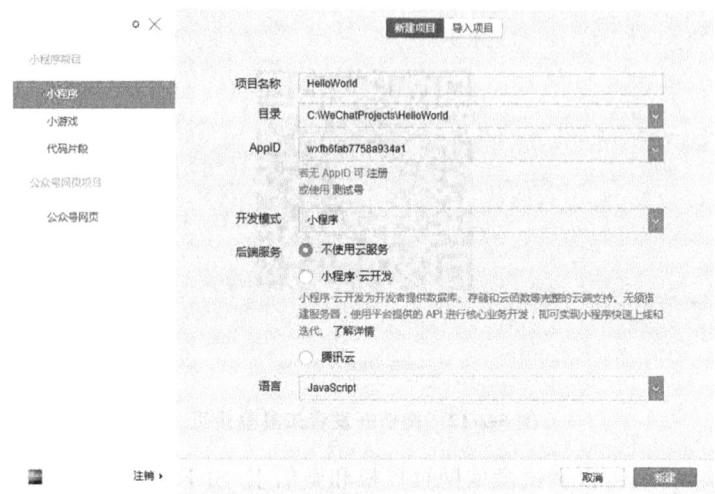

图 5-3-2 新建微信小程序项目

有下面两种方式来查看微信小程序的效果:

➤ 通过微信开发者工具左侧的模拟器界面来查看小程序的表现。

➤ 点击工具栏的"预览"按钮,通过手机微信扫描二维码,在手机上体验小程序,此方式体验感更好。

5.4 微信开发者工具使用介绍

在打开的微信小程序开发界面中,从上到下、从左到右由五大部分组成,分别为菜单栏、工具栏、模拟器、编辑器、调试器(见图 5-4-1)。

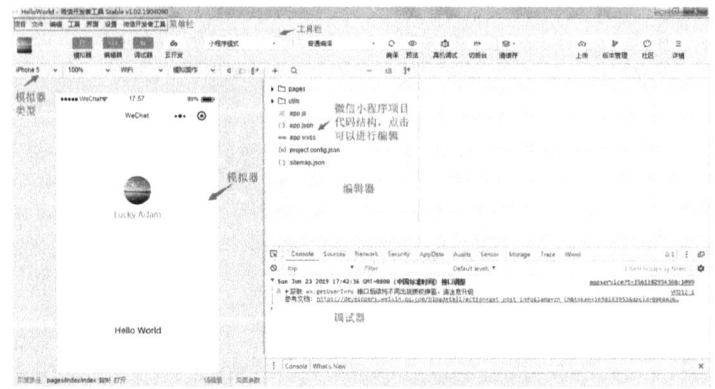

图 5-4-1 微信小程序主开发界面

下面介绍菜单栏中一些常用菜单项：

(1)项目。

➤ 新建项目：快速新建微信项目。

➤ 导入项目：导入本地微信项目。

➤ 打开最近：可以查看最近打开的项目列表，并选择是否打开对应项目。

➤ 查看所有项目：新窗口打开启动页的项目列表页。

➤ 关闭当前项目：关闭当前项目，回到启动页的项目列表页。

(2)工具。

➤ 编译：编译当前小程序项目。微信小程序需要在编译之后，才能在模拟器上显示出最新的修改效果。默认保存代码的时候，就会自动编译。

➤ 清除缓存：清除文件缓存、数据缓存以及授权数据。

(3)微信开发者工具。

➤ 切换账号：快速切换登录用户。

➤ 检查更新：检查版本更新。

➤ 开发者社区：前往开发者社区。社区有技术文章、问答、基础课程、行业课程等。

➤ 开发者文档：前往开发者文档。

➤ 调试：调试开发者工具、调试编辑器。如果遇到疑似开发者工具或者编辑器的 bug，可以打开调试工具查看是否有出错日志，还可以在社区反馈相关问题。

➤ 更换开发模式：快速切换公众号网页调试和小程序调试。

下面介绍工具栏中的控件功能：

➤ 点击用户头像可以打开个人中心，在这里可以便捷地切换用户和查看开发者工具收到的消息。

➤ 模拟器可以模拟小程序在微信客户端的表现。小程序的代码通过编译后可以在模拟器上直接运行。开发者可以选择不同的设备，也可以添加自定义设备来调试小程序在不同尺寸机型上的适配问题。在模拟器底部的状态栏，可以直观地看到当前运行小程序的场景值、页面路径及页面参数。

➤ 模拟器、编辑器、调试器若被选中，则为绿色，表示在开发界面中显示相应的组件，否则不显示(见图 5-4-2)。

图 5-4-2　选中的组件

5.5 微信小程序代码的构成

在 5.3 节中,已经介绍了如何通过向导快速生成一个微信小程序,从中可看出,微信开发者工具会自动为微信小程序项目默认生成多个不同类型的文件,主要有:

➤ .json 后缀的 JSON 配置文件:是一种数据格式规范,用于描述微信项目的配置信息。

➤ .wxml 后缀的 WXML 模板文件:类似于 HTML,用于制定微信小程序的页面结构,即显示页面控件。

➤ .wxss 后缀的 WXSS 样式文件:类似于 CSS,用于制定微信小程序的页面样式,与.wxml 结合起来使用修饰页面控件。

➤ .js 后缀的 JS 脚本逻辑文件:JavaScript 脚本编程语言,编写程序。实现特效、与用户进行交互等。

JSON(JavaScript Object Notation)是一种轻量级的数据交换格式。采用完全独立于语言的文本格式,使 JSON 成为理想的数据交换语言,易于人阅读和编写,同时也易于机器解析和网络传输。

下面来介绍 JSON 的格式。JSON 是一个"名称:值"对的集合,其中"名称:值"在集合中是无序的。一个 JSON 对象是以左括号"{"开始、右括号"}"结束。每个"名称"后跟一个冒号":"。"名称:值"对之间使用逗号","隔开。例如下面是一个表达学生信息的 JSON 数据,其中学号为20190101,姓名为李四,性别为女,年龄为 20,所在院系为财经学院,所学专业为会计。

{"学号":"20190101","姓名":"李四","性别":"女","年龄":20,"院系":"财经学院","专业":"会计"}

"名称:值"中的"名称"是关键字,用字符串表示。为了易于编程调用,建议使用有含义的英文来命名。"值"是双引号括起来的字符串、数值、true、false、null、JSON 对象或者数组。这些结构可以嵌套,从而表达出各种复杂的数据关系。其中数组是"值"的有序集合。一个数组以左中括号"["开始、右中括号"]"结束。值之间使用逗号","分隔。下面是一个较为复杂的个人信息 JSON 数据:

```
{
        "name" : "张三", //值为字符串
        "age" :26, //值为数值
        "married" :true, //值为布尔值
        "phone" : ["12345678", "131111111"], //值为数组
        "address" : {"country" : "中国", "province" : "湖南" , "city" : "长沙"} //值为
JSON 对象
    }
```

微信客户端在打开小程序之前,会把整个小程序的代码包下载到本地。在微信小程序项目中,有一些.json配置文件来配置小程序的信息,这些.json配置文件放在根目录下和项目的子目录下。其中,根目录下的.json文件属于公共配置,即适用于整个项目;而子目录下的.json文件属于局部配置,只影响到所在目录,并且页面中配置项会覆盖app.json的window中相同的配置项。.json文件中的名称通常为有含义的英文词汇,可以通过英文的含义来了解配置的含义。下面对根目录下的三个.json文件进行介绍:

(1)project.config.json文件:用于项目开发的个性化配置,即开发者对开发者工具的喜好配置,例如编辑器的颜色、代码上传时自动压缩等一系列选项。

(2)sitemap.json文件:用来配置小程序及其页面是否允许被微信索引。当开发者允许微信索引时,微信会通过爬虫的形式,为小程序的页面内容建立索引。当用户的搜索词条触发该索引时,小程序的页面将可能展示在搜索结果中。

(3)app.json文件:用于小程序的全局配置,包括小程序的所有页面路径、界面表现、标签栏显示、网络超时时间等。默认生成的app.json配置内容如下:

```
{
    "pages": [
      "pages/index/index",
      "pages/logs/logs"
    ],
    "window": {
      "backgroundTextStyle": "light",
      "navigationBarBackgroundColor": "# fff",
      "navigationBarTitleText": "WeChat",
      "navigationBarTextStyle": "black"
    },
    "sitemapLocation": "sitemap.json"
}
```

对pages和window两个名称对应的取值分别介绍如下:

● pages值使用数组的方式描述小程序所有页面路径,便于定位小程序页面定义在哪个目录下。pages字段的第一个页面就是小程序的首页(打开小程序看到的第一个页面)。

● window值用于定义小程序所有页面的顶部背景颜色、文字颜色等,"{ }"中的内容使用多个"名称:值"来描述颜色。

一个小程序可以由多个页面组成,其中一个小程序页面一般由.json、.wxml、.js、.wxss四个文件组成,其中.js和.wxml文件为必需,分别用于处理页面逻辑和页面显示。四个文件必须具有相同的路径与文件名。

了解微信小程序的执行流程(见图5-5-1),能够更好地把握微信小程序项目中各个文件的编写。其中,App()是小程序的入口,整个小程序只有一个App实例,是全部页面共享的;Page()是页面的入口。

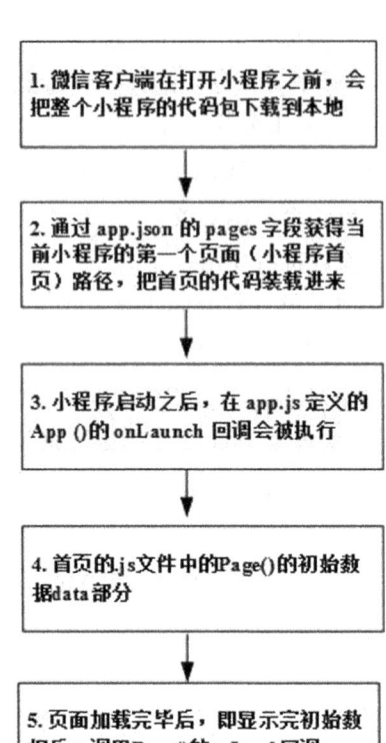

图 5-5-1　微信小程序的执行流程

5.6　修改第一个微信小程序

　　为了让读者对微信小程序有一个初步的了解，下面对 5.3 节的第一个微信小程序进行修改。在"Hello World"文字下面添加一个名为"点击！"的按钮（见图 5-6-1），当用户点击按钮后，"Hello World"文字将变为"你好！"。读者如果没有 HTML、JavaScript 基础，应在微信小程序开发之前先学习这部分知识。下面介绍修改代码的主要步骤：

　　（1）修改 index.wxml 文件，在根元素＜view＞…＜/view＞的底部，添加名为"点击！"的按钮组件，见下面代码的粗体部分。

```
< ! - - index.wxml- →
  < view class= "container">
    …
  < view class= "usermotto">
      < text class= "user- motto"> {{motto}}< /text>
    < /view>
  <button bindtap="changeName"> 点击！ </button>
  < /view>
```

（2）修改 index.js 文件，在 Page()内添加 changeName 函数，见下面代码的粗体部分，实现在点击按钮后，修改"Hello World"文字为"你好！"，其中 motto 表示文本标签显示的内容。

```
Page({
    data: {
      motto: 'Hello World',
     ...
    },
    changeName：function（e）{
        // sent data change to view
        this.setData({
          motto：'你好！'
        })
    },
    ...
})
```

（3）保存后，模拟器会刷新为图 5-6-1 所示的效果。

●●●●● WeChat🛜　　10:24　　100% ▰

WeChat　　●●●　⊙

Lucky Adam

Hello World

点击!

图 5-6-1　修改后的微信小程序效果

5.7 微信小程序的发布

微信小程序的版本伴随着开发的不同阶段,有不同的称呼,其中开发者编写代码并进行测试的版本称为开发版本。当程序达到一个稳定可体验的状态时被开发者提交给产品经理和测试人员进行体验测试的版本称为体验版本。当程序在体验后被提交到腾讯审核时的版本称为审核中版本。当程序被审核通过后发布供外部用户正式使用的版本称为线上版本。

一个小程序从开发完成到上线一般要经过预览→上传代码→提交审核→发布等步骤。

(1)预览:点击开发者工具顶部操作栏的"预览"按钮,开发者工具会自动打包当前项目,并上传小程序代码至微信的服务器,成功之后会在界面上显示一个二维码。使用当前小程序开发者的微信扫码即可看到小程序在手机客户端上的真实表现。根据小程序的表现,开发者可以进行代码调试,直到满意,然后执行第(2)步。

(2)上传代码:同预览不同,上传代码是用于提交体验或者审核。点击开发者工具顶部操作栏的"上传"按钮,填写版本号以及项目备注,需要注意的是,这里版本号以及项目备注是为了方便管理员检查版本使用的,开发者可以根据自己的实际需求来填写这两个字段(见图 5-7-1)。上传成功之后,登录小程序管理后台,在"版本管理"→"开发版本"中,就可以找到刚提交上传的版本了(见图 5-7-2)。可以将这个版本设置为"体验版"或者是"提交审核"。

图 5-7-1 上传版本号

图 5-7-2 开发版本

(3)提交审核:为了保证小程序的质量,以及符合相关的规范,小程序的发布是需要经过腾讯审核的。在开发者工具中上传了小程序代码之后,登录小程序管理后台,在首页中,查看小程序信息是否已经填写,若没有则先填写(见 5.2.2 节),然后点击"前往发布",在"开发版本"处点击"提交审核",填写提交审核信息。需要注意的是,开发者应该在严格测试了版本之后再提交审核。因为过多的审核不通过,可能会影响后续的发布时间。提交审核后,版本管理的视图中,审核版本增加了一条刚刚提交审核的版本信息，开发版本的"提交审核"按钮不可用（见图 5-7-3）。

图 5-7-3 审核版本

腾讯会将审核结果的信息通过微信通知开发者。如果审核结果不通过，还可以在后台查看审核不通过的原因。查看方法是点击右上角的消息图标（见图 5-7-4）

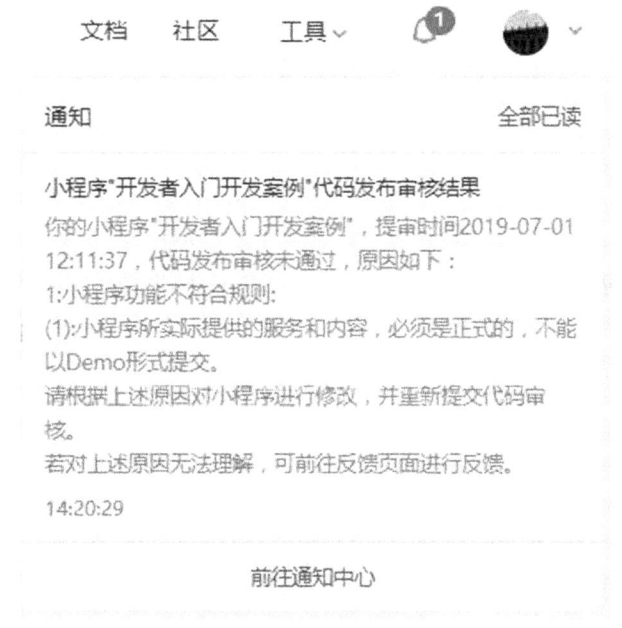

图 5-7-4 查看审核结果

（4）发布：审核通过之后，管理员的微信中会收到小程序通过审核的通知，此时登录"小程序管理后台"→"开发管理"→"审核版本"可以看到通过审核的版本。点击"发布"后，即可发布小程序。小程序提供了两种发布模式：全量发布和分阶段发布。全量发布是指当点击"发布"之后，所有用户访问小程序时都会使用当前最新的发布版本。分阶段发布是指分不同时间段来控制部分用户使用最新的发布版本，分阶段发布我们也称为灰度发布。一般来说，普通小程序发布时采用全量发布即可。当小程序承载的功能越来越多、使用的用户数越来越多时，采用分阶段发布是一个非常好的控制风险的办法。

5.8 微信小程序码

　　小程序在通过审核并发布后,除了通过搜索来查找微信小程序,用户还可以通过扫微信小程序码的方式快速进入一个小程序。下面介绍如何获得自己所开发的微信小程序码。

　　(1)点击"首页",在"小程序发布流程"中点击"查看详情"(见图5-8-1)。

图5-8-1　查看微信小程序详情

　　(2)在"设置"→"基本设置"中有小程序码及线下物料下载,点击"下载"(见图5-8-2)。

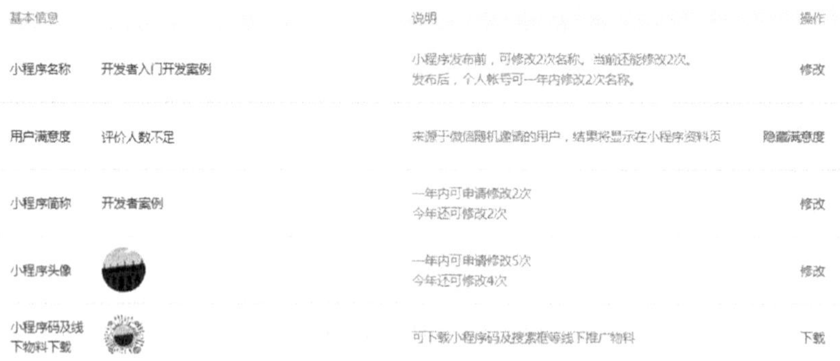

图5-8-2　微信小程序基本设置

　　(3)根据需要下载不同尺寸的普通二维码或者小程序码。扫描普通二维码和小程序码的效果一样。选择的边长越大,可以扫描的距离就越大。此外,还可以挑选小程序码颜色(见图5-8-3)。

　　(4)打开和查看所下载的普通二维码(见图5-8-4)和小程序码(见图5-8-5)。

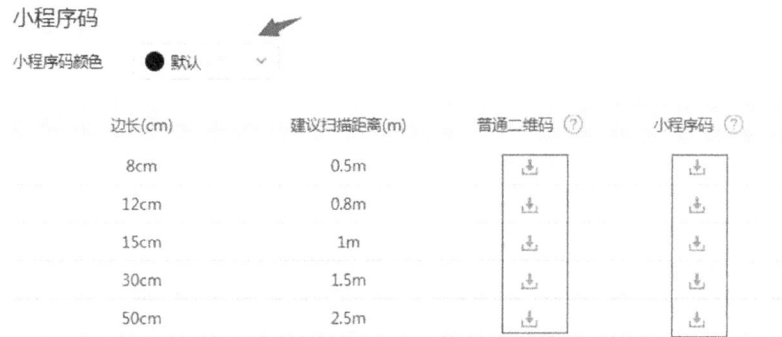

图 5-8-3　下载小程序码

图 5-8-4　普通二维码　　　　图 5-8-5　小程序码

（5）还可以下载线下物料素材，印刷出来，帮助在线下推广微信小程序（见图5-8-6）。

线下物料素材

小程序码与搜索框结合物料，可引导用户通过扫码和微信搜一搜双重方式找到小程序。物料包含：搜一搜小程序物料图片，源文件以及物料设计规范。查看示例

⬇ 线下物料素材.zip

图 5-8-6　下载线下物料素材

5.9　公众号与小程序的关联

下载、上传公众号
二维码

使用小程序
发布附件

　　随着微信小程序的推出，微信公众平台与微信小程序的交互越来越紧密。所有公众账号都可开通公众号与小程序关联的功能。开通小程序模块后，公众号可快速接入小程序并在各业务场景下使用小程序，如群发文章、公众号介绍页、自定义菜单、模板消息等，方便用户更便捷地获取小程序提供的服务。

登录公众号,点击左侧导航栏"小程序",然后点击"开通"按钮(见图 5-9-1),进入小程序管理界面。

小程序

图 5-9-1　开通小程序

在小程序管理界面中可以进行两种操作:一种是关联小程序,另外一种是快速注册并认证小程序(见图 5-9-2)。

关联小程序

本月还可关联同主体的10个小程序,不同主体的3个小程序。

快速注册并认证小程序

支持已认证公众号快速注册并认证小程序

图 5-9-2　小程序管理界面

点击"关联小程序",在使用微信扫描二维码验证身份通过之后,弹出关联小程序输入框,在输入框中输入小程序的名称、AppID 或者账号原始 ID(见图 5-9-3)。

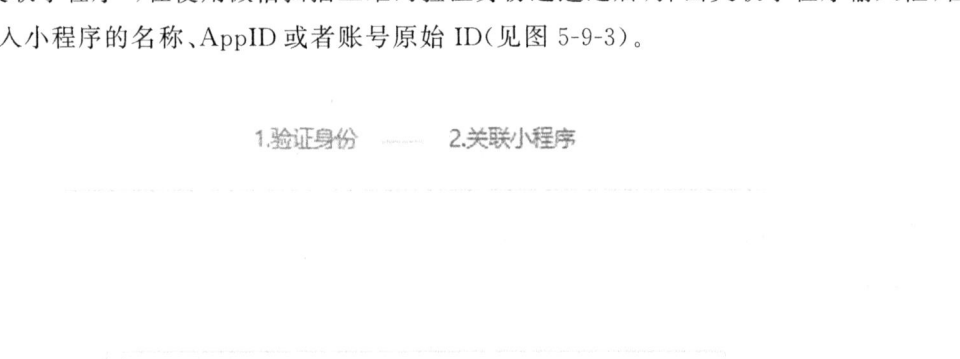

1.验证身份 ——— 2.关联小程序

搜索小程序名称/APPID/帐号原始ID

图 5-9-3　输入要关联的小程序名称/AppID/账号原始 ID

为了测试,输入"微信发票助手",点击搜索(见图5-9-4)。

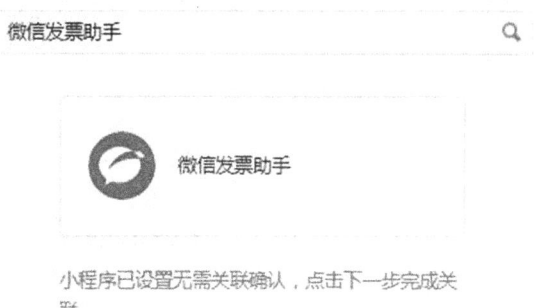

图 5-9-4　按照小程序名称搜索

点击"下一步"就可以成功地将公众号与小程序关联(见图5-9-5)。

图 5-9-5　公众号与小程序关联结果

第6章

微信电商功能

6.1 微信小店概述

2014年5月29日,微信公众平台宣布正式推出"微信小店"。商家可以在微信小店里进行添加商品、货架管理、订单管理等操作,可以通过微信支付来进行交易。没有软件开发技术实力的商家也可以通过微信小店来开展电子商务,适合刚刚入门的小微商户使用。目前微信小店的功能模块还在升级完善过程中。所有认证公众号在开通微信支付功能后,均可在"功能"→"添加功能插件"中申请免费开通微信小店功能(见图6-1-1)。填写微信支付的商户号、商户密钥等,然后再点击"提交审核",即可完成申请步骤。在提交申请后1~3个工作日内即可查看审核结果。

图 6-1-1   申请开通微信小店

与在淘宝上开店相比,微信小店的功能相对比较基础和简单,提供的是固定模板,难以满足商家个性化的需求。此外,微信小店吸引的流量较为有限,只在微信公众号文章的"阅读原文"或者微信公众号的"自定义菜单"里面,不便于搜索。因此,上了规模的商家通常是选择自行开发、采用第三方的微信商城系统或者作为店家入驻已经带有流量的微信商城平台(例如京东购物、美团外卖、拼多多、蘑菇街女装等)。

商家可以在微信小店里进行添加商品、货架管理、订单管理等操作。微信小店的一般使用方法是先到货架管理中选择模板,然后再编辑商品并添加到货架,发布货架后就可以复制链接,链接可以通过填入自定义菜单、图文消息群发来推广,或者下载货架二维码。官方帮助文档网址为 https://kf.qq.com/product/weixinmp.html♯hid＝123,其中有微信小店的详细使用说明。

6.2 微信小店小程序

微信小店小程序是微信小店的升级,相当于将电商的功能封装在小程序中,优点在于出现的应用场景更多。据统计,小程序目前在微信中的入口有 40 多个,例如微信群、朋友圈、搜一搜、看一看、公众号等,这意味着小店小程序有更多的入口来实现导流,吸引的用户流量更大。例如:小程序可以直接插在微信公众号的文章中,用户点击非常便捷,比起微信小店只能放在"阅读原文"里更方便。

申请开通微信小店小程序的条件如下:

(1)原微信小店商家,可以直接点击升级。点击升级后需要按照要求填写相关的信息,包括小程序的头像、昵称、描述,以及售卖特殊商品需要的某些特殊资质。

(2)没有开通微信小店的商家,进入微信公众平台,点击"功能"→"添加功能插件"→"微信小店"→"申请"。目前仅对开通微信支付商户功能的用户开放。如果商户号的主体和申请小店的公众号主体为同一个,则可以在点击申请之后直接进行绑定。

(3)一旦升级成功,则无法退回到旧的微信小店版本。

不管是原微信小店商家升级,还是新开通微信小店小程序,都要录入小店小程序的有关信息,具体如下:

(1)填写小程序名称、小程序头像、服务类目和小程序介绍等资料(见图 6-2-1),与新申请小程序的步骤相同。对于某些行业类目,需要上传资质证明。

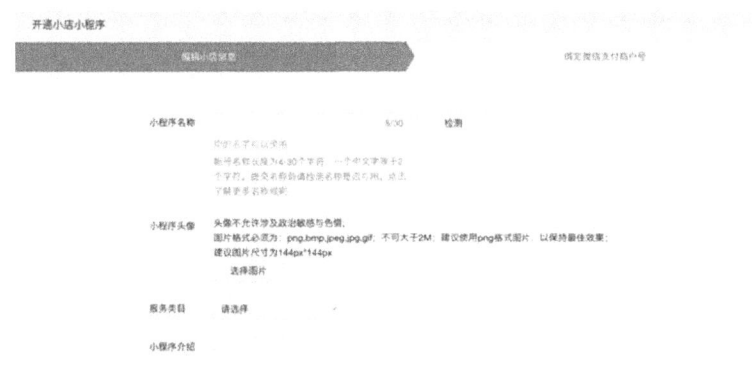

图 6-2-1　开通小店小程序

(2)公众号管理员需要扫码验证身份。

(3)按照页面提示,输入微信支付的商户号、商户密钥等,进行微信支付商户绑定。

完成申请后,公众号后台的"功能"中将会新增微信"小店"功能,从而可以直接管理小店小程序(见图6-2-2)。

图 6-2-2　微信小店

1. 添加商品

(1)选择商品的类目(见图6-2-3)。

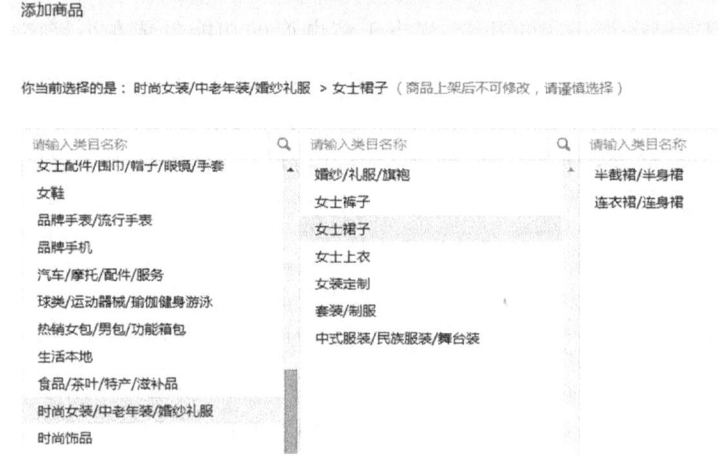

图 6-2-3　选择商品类目

(2)填写商品的基本信息,包括商品名称、商品图片、运费、库存、详情描述等(见图6-2-4)。

商品库存

商品条码 (选填)

商品图片　主图 (建议尺寸为640像素*640像素,大小不超过500kb)

其它图片 (选传,单张图片大小不超过500kb,最多10张)

图 6-2-4　填写商品信息

2. 商品管理

(1)商品分组管理:设置不同的分组来管理商品,分组可用于将商品填充到货架中(见图 6-2-5)。

图 6-2-5　商品分组管理

(2)商品上下架:对商品进行上下架操作(见图 6-2-6)。

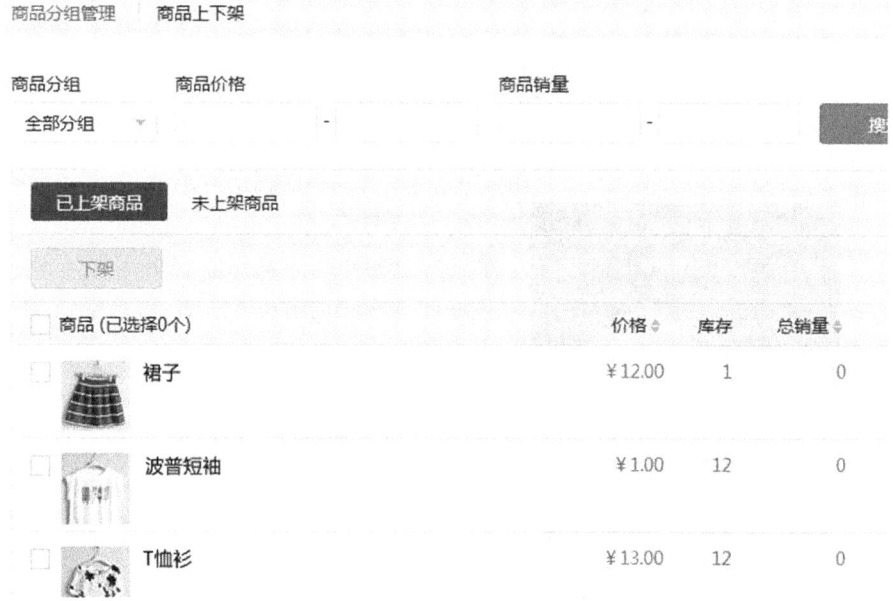

图 6-2-6　商品上下架管理

3. 货架管理

(1)设置货架:货架是商家用来承载商品的模板,每一个货架由不同的控件组成。

(2)将分组管理里面的商品添加到货架中(见图 6-2-7)。

图 6-2-7　商品分组与货架关联

（3）发布货架：将编辑好的货架提交审核，审核通过后可以发布（见图 6-2-8）。

图 6-2-8　发布货架

4. 小店小程序管理

可以设置体验者、客服人员等（见图 6-2-9）。

图 6-2-9　小店小程序管理

5. 订单管理

用户支付成功后会生成一笔订单，商家可以查询订单，并进行发货等操作（见图 6-2-10）。

图 6-2-10　订单管理

6. 小店概况

查看小店所有的数据信息，例如订单数、成交量等（见图6-2-11）。

图 6-2-11　小店概况

7. 运费模板管理

可以针对不同地区或者件数来调整运费（见图6-2-12）。

图 6-2-12　运费模板设置

8. 图片库

将商品的所有图片放在图片库里，方便整理调用（见图6-2-13）。

图 6-2-13　图片库

第7章
微信公众平台运营案例分析

7.1 微信公众号的推广

7.1.1 公众号推广渠道分析

公众号的关注来源包括搜一搜、扫描二维码、图文页右上角菜单、图文页内公众号名称、名片分享、支付后关注、其他渠道等,下面分别进行介绍。

(1)公众号搜索:用户通过输入关键字搜索找到公众号并进行关注。

如果有相当的关注量来自公众号搜索,这说明这类公众号已经有一定的品牌知名度,或者是在广告宣传方面比较到位。为了提高公众号搜索的关注量,除了推广要给力,还需选取一些自带流量的关键词,例如美食、优惠等高搜索量的词汇。

需要注意的是,如果公众号名字出现业务关键词排名靠后的情况,可以选择申请认证、注册商标、提高粉丝互动率等方式提高公众号排名。

(2)扫描二维码:用户通过扫描公众号的二维码找到公众号并进行关注。

用户通过二维码关注的渠道有很多种,其中线上的方法有公众号互推、图文文末的引导关注、海报活动、网页、视频广告等;线下的方法有通过印刷了二维码的宣传单、促销活动海报等吸引用户来进行关注。

为了满足用户渠道推广分析和用户账号绑定等场景的需要,公众平台提供了生成带参数二维码的接口。使用该接口可以获得多个带不同场景值的二维码,用户扫描后,公众号可以收到事件推送,通过带参数二维码亦可做各个推广渠道的效果统计。

(3)图文页右上角菜单:点击阅读文章界面右上角的菜单,点击"查看公众号"即可进入公众号主页,选择关注(见图7-1-1)。

(4)图文页内公众号名称:通过文章标题下方的蓝色字体进行关注也是一种较为常见的关注方式,很多公众号也会在文章开头提示用户通过此方式来关注公众号(见图7-1-2)。

图 7-1-1　通过图文页右上角菜单关注公众号

图 7-1-2　通过图文页内公众号名称关注公众号

（5）推荐给朋友：用户主动通过公众号名片的形式将公众号推荐给朋友或者分享到群中。具体操作方法是点击公众号右上角的菜单，选择"推荐给朋友"，然后选择微信上要发送的朋友或者群（见图 7-1-3）。

（6）支付后关注：用户通过微信付款后会默认关注该公众号。采用这种方式的公众号必须是认证过的服务号，而且开通了微信支付功能。

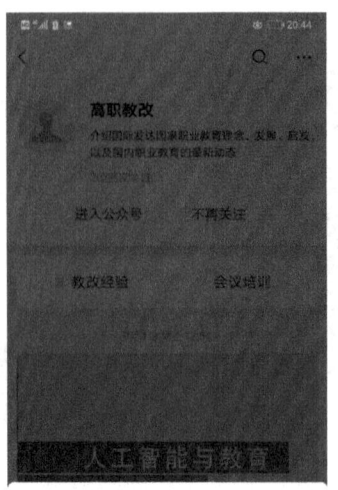

图7-1-3　将公众号推荐给朋友

（7）其他渠道：朋友圈广告、广点通广告（广告主，图文底部广告）、图文末尾快捷关注（针对被转载的文章）、微信摇一摇、周边领卡券关注、通过关键词进行模糊搜索关注。

7.1.2　推广技巧要点

当前已经有大量的公众号，并且每天都有大量新的公众号产生，那么如何让自己的公众号能够获得目标群体的关注呢？首先需要把公众号本身做好，下面是一些建议。

（1）给公众号起一个好的名字。好的微信公众号名字既能够降低用户理解公众号作用的认知成本，也能够提高公众号的传播速度。公众号的名字要能够体现出使用价值和定位，方便用户搜索。常用的命名方法如下：

● 直呼其名：将企业、单位、企业品牌的名字作为公众号的名字，例如人民日报、新华社、央视新闻、广东共青团等。

● 概要描述：采取通俗易懂、大众熟知的词汇，比如电影、音乐、读书、旅游、新闻、金融等，然后在前面或者后面添加有特色的词语，或者是功能修饰，或者是形象比喻，例如十点读书、音乐工厂、新闻夜航、Sir电影、酒店助手、足球公园等。

（2）精心打造公众号的内容。首先要做好内容规划，公众号的内容应有趣并且体现出专业性。其次内容形式应该多样化，采用图文、语音、视频、小游戏等形式。内容可以去微博、百科、文库、豆丁、知乎、小红书、QQ空间、朋友圈、主题网站等信息来源处学习，获取灵感。

（3）注重公众号内容更新的频率。在正常情况下，一周内应该有三次以上的内容更新，最好做到每天都有新内容推送。如果内容长时间未更新，则会降低用户对公众号的黏性。许多微信公众账号长时间不发送内容,用户可能会取消对公众号的关注。

(4)公众号的内容更新时间应有规律。在固定的时间范围内推送内容,让读者形成定时阅读公众号内容的习惯。

(5)准备好素材。微信公众号发布的图文消息都有一个封面,封面上需要图片,内容也需要多样化的图片支撑,因此需要多准备自己的图片素材,有特色就容易让读者更喜欢关注。

(6)消息内容应具有美观性。利用微信公众平台的图文消息编辑框或者第三方编辑工具,编辑美观、容易阅读的文章。

(7)利用微信文章搜索排序功能,尽量使公众号文章排序靠前。

影响文章排序的因素有:

①精准性。历史文章标题、摘要以及内容与关键词的匹配越精准,排名越靠前。

②热门性,即文章的受欢迎程度。热门性和时效性都是搜索引擎在排序的时候考虑的重要因素,对应到历史文章搜索,这一点应该表现在文章的阅读量、转发量、收藏量以及评论等。这些在一定程度上反映了公众号的受关注程度和活跃度。

③时效性。在微信菜单、被添加自动回复、消息自动回复、关键词自动回复等处都设置历史消息页面入口,引导用户搜索,增加文章流量。

④原创性。原创文章更容易排在前面。

对于创业者而言,通常是采用网红模式来开发微信公众号,即确定好所面向的对象,分享真实、实用的信息,通过维护粉丝,售卖商品获得盈利。内容以原创为主、软文为辅。

在把公众号建设好的同时,也需要积极对外进行推广,下面是一些推广建议。

(1)把微信公众号分享到微信、朋友圈、QQ、微博、抖音等社交平台进行推广。

(2)利用粉丝分享对用户有用的资料和经验,达到滚雪球式增加粉丝的作用。

(3)线上把微信公众号二维码粘贴到各个网络流量入口大的地方(如贴吧、论坛、豆瓣、小红书等)。

(4)采取促销活动促使用户关注公众号,即在公众号内购物可以享受优惠。实体店将公众号二维码贴在店门口,鼓励顾客关注公众号。

(5)付费推广,例如进行搜索关键词推广、商品精准推广、店铺推广等。

7.1.3　使用微信搜一搜

微信搜一搜可以帮助用户快速搜索想要的信息。搜索范围既包括微信公众平台内的内容,也包含互联网上的内容,例如朋友圈、表情、公众号文章、视频(腾讯视频、公众号视频等)、百科(搜狗百科)、小程序、问答(百度经验、知乎)、音乐(QQ音乐)、读书(微信读书),提供分类更为精细的移动搜索引擎功能。例如:点击个人微信底部的"发现",再点击"发现"界面的"搜一搜",输入"游学",进行搜索,默认搜索结果放在"全部"页面中,若要看具体的分类搜索结果,可以点击其他页面(见图7-1-4)。

为了让用户优先搜索到公众号中的文章,可以从如下几个方面开展优化。

(1)对公众号进行认证。微信搜一搜页面呈现的内容,通常会优先选择经过认证的公众号。

图 7-1-4　微信搜一搜示例

（2）公众号的文章应尽量为原创。微信搜一搜页面呈现的内容，通常会优先排列原创文章。所以创作原创优质文章，更容易被潜在用户搜索到。

（3）公众号的文章内容应较为丰富。

利用微信公众号、微信搜一搜、微信小程序提供的素材，一方面可以将素材电子版图片放到推广文章的底部，方便用户关注公众号，另外一方面还可以将素材电子版打印成纸质版进行宣传。通常在推广上是将宣传推广语言和二维码结合在一起进行推送。图 7-1-5 所示为微信搜一搜和二维码推广的使用示例。

图 7-1-5　微信游戏直播小程序

图 7-1-6、图 7-1-7 所示为微信公众号的使用推广示例：扫描两图中广州市妇女儿童医疗中心公众号的结果是一样的，但它们采用不同的辅助素材，从而起到丰富多样的推广效果。

图 7-1-8 所示为微信小程序的使用推广示例：行讯通小程序可以用于查询广州公交信息。

图 7-1-6　小卡片式的广州市妇女儿童医疗中心公众号

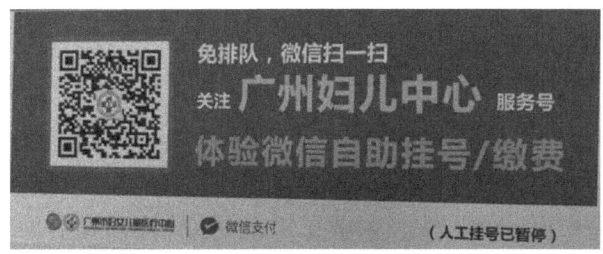

图 7-1-7　长条形的广州市妇女儿童医疗中心公众号

图 7-1-8　广州交通行讯通

7.1.4　案例分析：十点读书

十点读书公众号的账号主体是厦门十点文化传播有限公司，于 2012 年底创建公众号（见图 7-1-9、图 7-1-10），先后开发了十点读书小程序、独立的十点读书 App。此外，还延伸开发了十点好物小程序用于电子商务。2017 年 A 轮融资 6000 万元，估值接近 4 亿元。截至 2018 年底，十点读书公众号的粉丝数已经超过 4000 万，每天的阅读量数千万，并且每天增加粉丝几万名。

图 7-1-9　十点读书品牌页面　　图 7-1-10　十点读书公众号

　　从公众号命名来看,十点读书中的"十点""读书"两个词语都通俗易懂,组合起来表达该公众号"深夜十点,陪你读书"的主题。十点读书在品牌形成一定的知名度后,逐步建立自己的公众号矩阵,以进一步丰富用户群体。在 2017 年,十点视频上线,旗下包括十点电影、她读、十点人物志、十点课堂和十点视频等 10 个矩阵号,随后推出针对儿童的故事、育儿公众号"小十点",全网粉丝超过 5000 万,对积累的用户根据其偏好进行分层管理,分层也意味着新的公众号能独立获取用户,形成产品之间的相互联动和导流。延伸出的课堂、电商等付费用户超百万,流水过亿元。

　　从内容来看,十点读书公众号的内容基调是为成年人提供温暖平和的"鸡汤文",无论是否为节假日,每天都风雨无阻发布 8 篇原创文章。数百名与文化生活相关的老师、知名作家学者入驻公众号,为公众号提供了大量紧跟时代发展的内容,涵盖了生活美学、女性成长、人文见识、职场提升、教育亲子、心理情感等,形成了一所"书店里的生活大学"。

　　从表现形式来看,公众号内容的表现形式有图文、视频、音频、H5 等形式,并且将它们组合在一起,这能够较好地满足用户的听觉、视觉需求。在图 7-1-11 所示的示例中,页面的顶部为音频播放,之后是音频播放的文字内容,音频播放以"深夜十点,陪你读书"为开场白,把用户引入了开始读书的状态。在图 7-1-12 所示的示例中,页面的顶部为音频音乐,之后是文字和视频内容的交织,其中视频内容为文字描述的补充和增强展现。

　　公众号的菜单由"免费听书""精进成长""每日精选"三部分组成,其中"免费听书"菜单的内容主要是形式多样的免费读书资源,"精进成长"主要是不同主题的付费课堂,"每日精选"主要是在线商城,用于电子商务。

图 7-1-11　音频＋图片＋文字　　　　图 7-1-12　音频＋视频＋图片＋文字

　　2018 年底,十点读书在厦门开设了实体店十点书店(见图 7-1-13),书店面积 600 多平方米,图书近 1 万种,近 2 万册,定位为"智慧文化空间",综合了"文化生活提案＋体验空间",包括图书、咖啡、活动和线下课堂,开展线上和线下一起协作运营。在业态选择上,十点书店将精选的图书和十点课堂区域作为核心部分。作为延伸,配备了十点好物、小十点、精品咖啡区、十点书房四大板块,实现与用户的互动,将书店打造为生活方式的体验空间。书店图书区与"十点读书"血缘关系明显,例如"十点好书""十点好物""聆听""十点热读·生活"。

图 7-1-13　十点书店

7.1.5　案例分析：大学生创业项目"凡夫服装"

广州凡夫服装设计有限公司于 2017 年在广州科技贸易职业学院的大力扶持下成立，秉承创新创业的理念和精神，以师生共建的方式从事服装设计与高级定制业务，主要产品涉及轻奢小礼服和新中式服装。"凡夫"即一切因缘和合而生的众生，"凡夫"团队立志用自己的工作态度和行动去完善和提升自我。一尺一寸沧桑变，一针一线总关情！

微信公众号的简介（见图 7-1-14）阐述了公众号取名的含义、所提供的服务范围以及创业的决心与态度。公众号提供的菜单功能选项如下（见图 7-1-15）：

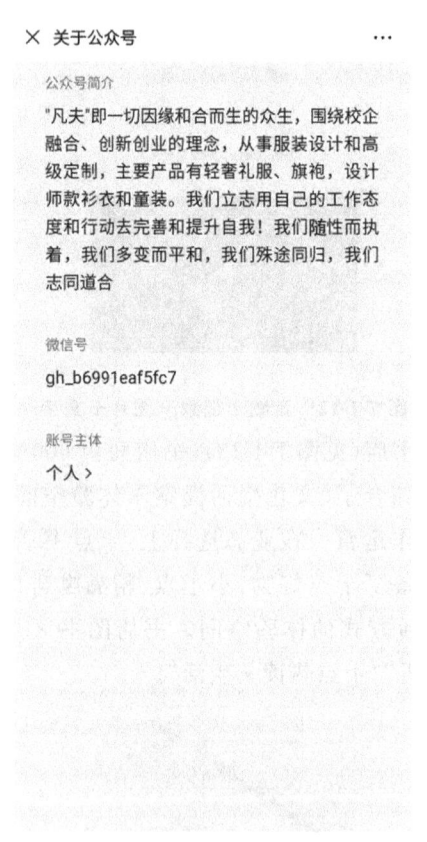

图 7-1-14　公众号简介

图 7-1-15　公众号主页面

（1）"最新产品"：提供公司的最新服装产品信息，点击"小礼服"、"衬衫"和"旗袍"三个子菜单，分别进入相应类型的服装信息模块，区别传统上只是把衣服图片简单罗列的方式，这里的展示手法是将产品融于对衣服主体的描述介绍当中（见图 7-1-16、图 7-1-17）。

（2）"与我联系"：显示凡夫设计工作室的业务范围，以及各种联系方式。

（3）"品牌文化"：以专业的图文形式形象地显示本公司的品牌文化（见图 7-1-18），使用了第三方专门为微信公众号文章提供文本内容美化的图文编辑工具秀米。

衬衫，就该风情万种

广州凡夫设计有限公司 2018-12-15

点击阅读原文查看更多

ORDINARY

衬衫一代的个性"不将就态度"

图 7-1-16　衬衫产品介绍

那妙曼的旗袍女子，走远了

广州凡夫设计有限公司 1月20日

ORDINARY
点击下面二维码，我在这里等你来

旗袍，中国和世界华人女性的传统服装。
旗袍，誉为中国国粹和女性国服。
旗袍，由满族妇女长袍演变而来。
旗袍，中国悠久服饰文化

图 7-1-17　旗袍产品介绍

× 企业宣传

企业
宣传

关于
我们

广州凡夫服装设计有限公司创立于2017年，秉承创新的价值追求与传承东方文化，旨在集合所有志同道合的独立设计师致力将原创精神转化为独特的服饰文化以及当代生活方式。凡夫，寓意一切因缘和合而生的众生，众生即是终身修业提升中的佛

× 企业宣传

企业
宣传

公司地址

公司地址：广州市番禺区广州科技贸易职业学院

图 7-1-18　企业宣传

7.1.6 案例分析:广州科技贸易职业学院官方微信公众号

广州科技贸易职业学院官方微信号是 gzkmxy,除了日常发布的公众号信息之外,还提供"微科贸"、"微查询"和"微社区"三大常规功能,这三大功能的信息来自自己搭建的服务器(见图7-1-19)。

图 7-1-19　广州科技贸易职业学院官方微信公众号

(1)"微科贸":具有"学校概况""学院要闻""招生就业""校园风光"四个子菜单项,介绍有关广州科技贸易职业学院的信息。

(2)"微查询":具有"查校历""查周程""查图书""查交通""查成绩"五个子菜单项,可以查询与广州科技贸易职业学院有关的教学信息。

(3)"微社区":具有"微投稿""联系我们""我要上墙""表白墙"四个子菜单项,用于联系、交流。

7.2 小程序推广

7.2.1 推广技巧要点

经过短短一年多的发展,截至2018年底,微信小程序的数量已经超过了200万,平均日活用户已超2.3亿人,由此可见微信小程序的影响力日益强大。用户使用小程序主要是通过主动搜索、点击朋友分享的小程序、二维码扫描。下面是推广微信小程序的建议。

（1）通过名称做搜索优化。微信小程序与公众号一样，都有着独一无二的名称，这样确定小程序名称就很重要。如果你先注册认证了一个不错的名字，其他人就不能再使用，用户在搜索服务的时候就能优先展示你的微信小程序。

（2）通过二维码扫描来进行线上和线下的推广。在线下，可以将小程序二维码宣传栏张贴在店铺或者室外人流量多的地方。在线上，将小程序二维码放到电子社交媒体上进行传播，例如微信聊天群、朋友圈、文章末尾、短视频等。

（3）通过附近的小程序推广。因为微信小程序开放了附近小程序功能，可以将小程序展示到自己商铺 5 公里范围内展示，供这个范围内的微信用户查看。比如一个人准备去吃饭，他可能会搜索附近的餐馆，从而可能会进行消费。

（4）通过公众号进行推广。将小程序与公众号绑定，并在公众号的文章中嵌入小程序推广，借助公众号的人气来扩大小程序的影响力。

（5）提高小程序的新意、实用性。开发的小程序应具有实用性，用户能够通过小程序保存有用的信息，或者享受小程序提供的便捷服务。其次小程序使用起来要便捷、简易。若小程序的功能有新意，则更容易从大量的小程序中脱颖而出。

7.2.2　案例分析：i 麦当劳

"i 麦当劳"为麦当劳小程序的名字，它是一个综合性门户的小程序（见图 7-2-1）。通过 i 麦当劳小程序可以在餐厅点餐、在线点外卖、获取会员服务等。可以点击该小程序页面的不同部分来调用特定功能的小程序，具体的小程序如下：

（1）点击"点餐"，会调用 i 麦当劳点餐小程序，用于在所在位置门店进行点餐（见图 7-2-2）；

图 7-2-1　i 麦当劳小程序主界面

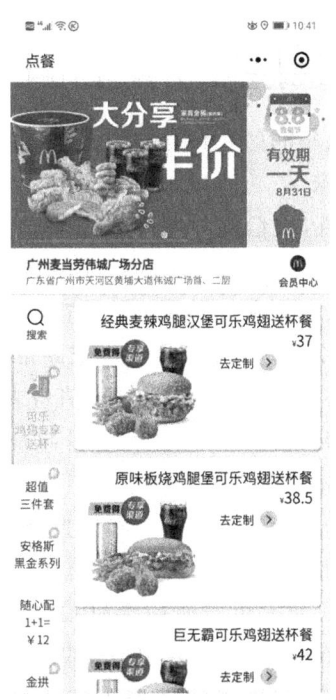

图 7-2-2　i 麦当劳点餐小程序主界面

（2）点击"麦乐送"，会调用 i 麦乐送小程序，用于在线外卖点餐；

（3）点击"麦有礼"，会调用 i 麦当劳礼品卡小程序，用于购买麦当劳的礼品卡；

（4）点击"超值好礼"，会调用 i 麦当劳麦钱包小程序，用于购买超值好礼卡、券；

（5）点击"点亮梦想"，会调用 i 麦当劳生日会小程序，用于展示儿童画作；

（6）点击"麦麦开心派对"，会调用 i 麦当劳生日会小程序，预定"点亮梦想派对""生日会""麦麦体验营"等集体派对活动。

此外，i 麦当劳主页面还提供了如下的功能：

（1）点击"会员"，会打开会员服务页面，可以从中查看会员当前的累计积分以及可用积分，进行订单查询、开心派对订单查询、投诉与建议等。

（2）点击"积分商城"，会显示可用积分兑换的优惠券，分到店取餐优惠券和麦乐送外卖优惠券两种。

（3）点击"麦麦开心乐园"，会显示有趣的儿童小制作视频列表，点击可以进行播放。

从上面的 i 麦当劳小程序的功能来看，小程序是对实体店的线下经营的有机补充。由于其功能实用，使用清晰简单，因此深受消费者的欢迎。通过 i 麦当劳微信小程序，一方面麦当劳可以认识并了解顾客的消费习惯，进一步以消费者为中心，提供个性化的产品和服务，打造餐厅新体验；另外一方面消费者也可以通过小程序享受麦当劳提供的多样化便捷服务。

在推广方面，采用线上和线下相结合的方式。在线上，小程序和公众号绑定，在麦当劳公众号的菜单项中嵌入小程序，并且在公众号上的文章中加入小程序的推广。在线下，麦当劳将小程序二维码和宣传广告放在实体店的门口以及收银处，方便消费者轻松通过扫描二维码来添加小程序。

7.2.3 案例分析:万家自助购

华润万家是华润（集团）有限公司旗下的零售业国有企业。2018 年华润万家全国自营门店总数达到 3192 家。

2018 年 6 月，微信支付团队宣布联合全国 4000 多家超市、便利店正式启动首个"不排队月"，鼓励更多人尝试"扫码购"的便捷消费方式，将收银台留给更加需要的人，比如老人和不方便使用手机的人。万家自助购正是在这个背景下开发出来的用于帮助顾客完成自助购物付款的小程序（见图 7-2-3）。消费者在万家超市打开微信上的该小程序，无须下载 App，就可以智能地识别商品的售价。在自助付款后，消费者就可以从万家超市内指定扫码离店的通道自行离去，而不需要在传统的人工收银台上排起长长的队伍。因此，小程序带给顾客简单、便捷的购物体验，顾客普遍接受并喜欢这种小程序的方式。

万家自助购小程序的主要功能分为"扫码购""到家商城""个人中心"，下面分别介绍如下：

（1）"扫码购"整合了小程序与微信支付，将顾客的手机变成一把"私人定制的扫码枪"，随时扫码，便捷购物。顾客可以使用手机扫描商品二维码，查看信息、获取优惠、自助结账，边走边买，直接微信支付，无须前往收银台排队结账。

（2）"到家商城"可以让消费者线上挑选商品，实现足不出户购买万家超市的商品（见图 7-2-4）。

（3）"个人中心"则可查看会员的消费积分，以及在扫码购和到家商城上的购物订单等。

图 7-2-3　万家自助购小程序主界面　　　　图 7-2-4　万家自助购到家商城

在推广上,在万家超市的人工收银处放置自动广播,并且人工指引大家去自主购物区扫描万家自助购小程序二维码,以便于打开小程序进行自助购物。很多不愿意排队的年轻人,会选择尝试使用万家自助购小程序。另外一方面,还采用促销活动,鼓励大家使用小程序自助购物(见图 7-2-5)。

图 7-2-5　扫码购促销

7.2.4 案例分析：大学生创业项目"瑶山生态优品"

广州瑶山佳品农贸有限公司成立于 2018 年，是一家以无污染、无公害、安全优质等有机绿色农产品为主，开发广东省清远市连南瑶族自治县大坪镇大掌村旅游业为辅的公司。大掌村被国家住房和城乡建设部列为中央财政支持范围中国传统村落，古寨面积 150 多亩，保存很多幢明清时期修建的古民居，以青砖、泥砖、青瓦等建筑材料建成，层层叠叠，错落有致，沿着主山脉依山而建，如腾龙入海、蜿蜒起势，颇为壮观。大掌村是保存最完整、最古老、最有历史价值的瑶族古村落，国家古村落专家实地考察后，把大掌古排比作中国的"马丘比丘"。

公司的主要运营团队成员来自广州科技贸易职业学院的瑶族毕业生，他们从贫困的家乡走出来，学业有成后利用自己的专业知识积极参与农村精准扶贫项目，以建设美丽乡村、提高村民的生活水平为己任。主营的产品为大掌有机粥米、天堂山稻香米、高山茶、稻田鱼等一系列高质量原生态产品（见图 7-2-6）。

图 7-2-6 产品示例

公司的运营模式是结合大掌村千百年来的传统瑶族文化、原生态的优越地理位置，以家乡特色农副产品产业为根基，借助学到的创业知识通过不同的销售渠道将产品销往全国各地。渠道上采用 O2O 模式，线上线下同步开拓业务，线下精准于社区门店、个体代理商及农庄等渠道，线上精准于电商淘宝、微信小程序以及自媒体营销等渠道。其中在微信小程序上可以实现自助购物的功能（见图 7-2-7），具体如下：

（1）购物功能：浏览商品，将有购买意向的商品加入购物车，或者直接购买。

（2）客服功能：可以与登录小程序的用户进行在线的实时交流。

（3）优惠券功能：用于促销。用户领取优惠券后，购买满足金额要求的商品，可以享受金额扣减。

（4）宣传广告功能：在小程序的首页顶部以轮播图的方式播放特色产品图片，并且在首页插入宣传商品所在地无污染、环境优美的短视频。

大学生创业项目实施的主要经验做法如下：

（1）公司与大掌村村委会协商签订电商扶贫协议并达成友好合作，积极参与当地精准扶贫

图 7-2-7　瑶山生态优品微信小程序

项目,与当地瑶寨共谋发展,以提高村民的生活水平为己任,以坚持"诚信为本、真诚服务、用心经营"为宗旨,不断开拓创新,为大掌村乃至大坪镇的原生态农村美食代言,为消费者提供优质而健康的原生态农副产品,以便带动当地村民提高就业。

(2)公司产品主要来源于大掌村,农户根据公司的要求进行耕种及养殖,具备无污染、无化肥、无添加剂等优点。以瑶山稻鱼生态米作为特色主推产品,以高山茶、纯天然花生油、瑶山番薯、大掌飞鸡、银星竹鼠、稻田鱼等一系列高质量原生态农产品作为附加产品。

(3)以瑶山竹鼠作为 IP 形象,申请到公司的第一个外观专利,并以竹鼠的形象作为养殖业的宣传代表,让更多的消费者了解瑶山的特色美食。

公司依托微信小程序的电商平台,经过一年的努力,年销量突破数千件产品,金额超过了 10 万元人民币。该项目的意义在于,一方面促进了贫困劳动力培训与再就业,另一方面公司成为广州科技贸易职业学院市场营销专业实践基地,带动 4 名学生参与项目,在为学生提供兼职实践的同时,也为学生的创业意识的培养提供了一个良好的平台。